Friedrich Nietzsche

Além do Bem e do Mal

Prelúdio de uma Filosofia do Futuro

Friedrich Nietzsche

Além do Bem e do Mal

Prelúdio de uma Filosofia do Futuro

TEXTO INTEGRAL

Tradução
Antonio Carlos Braga

3º Edição

www.escala.com.br

ISBN 85-7556-699-7

Av. Profª Ida Kolb, 551 – Casa Verde
Cep 02518-000 – São Paulo – SP
Tel.: (11) 3855-2100
Fax: (11) 3857-9643
Internet: www.escala.com.br
E-mail: escala@escala.com.br
Caixa Postal: 16.381
CEP 02599-970 – São Paulo – SP

Título Original Alemão
Jenseits von Gut und Böse
Vorspiel einer Philosophie der Zukunft

Diagramação: Tyago Bonifácio da Silva e Cibele Lotito Lima
Revisão: Maria Nazaré de Souza Lima Baracho
Capa: Robson Ramiro do Amarante
Colaborador: Luciano Oliveira Dias
Coordenação editorial: Ciro Mioranza

ÍNDICE

Apresentação 9
Vida e Obras do Autor 11
Prefácio 15

Primeira Parte - Os Preconceitos dos Filósofos 19
Segunda Parte - O Espírito Livre 41
Terceira Parte - O Caráter Religioso 61
Quarta Parte - Máximas e Interlúdio 77
Quinta Parte - Para a História Natural da Moral 97
Sexta Parte - Nós, os Doutos 119
Sétima Parte - Nossas Virtudes 137
Oitava Parte - Povos e Pátrias 161
Nona Parte - O que é Nobre? 183

Epílogo - Do Alto dos Montes 215

Apresentação

Além do bem e do mal poderia ser traduzido como *Para além do bem e do mal* ou, como alguns querem, *Para além de qualquer bem e de qualquer mal* ou ainda *Para além de bem e de mal*. Seja como for, todos estes títulos refletem a mesma ideia, ou seja, como dispor o homem e, em decorrência, a sociedade para além desse bem e desse mal que a tradição, a religião, a sociedade organizada impôs ao homem, a cada um e a todos os membros em conjunto de uma comunidade. Por que bem e por que mal? Esses dois princípios que o homem vislumbrou desde os primórdios da humanidade sempre incomodaram o ser humano e sempre o deixaram perplexo, quando não desnorteado; essas duas forças antagônicas que, na realidade, não são forças, mas inclinação, pendor, tendência de vida, de existência, de atitude, de comportamento, de projeção de si frente ao outro sempre interferiram, contudo, na vida do homem. Mas por que esses dois princípios, se o homem é o ser-junto e não o ser-só, é o ser-comunidade e não o ser-singularidade?

O problema é tão antigo quanto o mundo, é tão insolúvel quanto não deveria existir. Mas existe e subsiste, como sempre existiu e persistiu em se radicalizar como problema sem solução à vista. Diante disso, o homem procurou estabelecer outros princípios, ou melhor, normas que diminuíssem seu impacto na vida em comunidade. Serviu-se da própria convivência diuturna para minimizar essa sempiterna luta, tentando abrir caminho para a vitória do bem. Serviu-se depois da religião que propôs mil e uma formas, invocando a divindade, para erradicar o mal em benefício do bem. Nesse empenho profundo da comunidade humana, aliada à força da religião, surgiu a moral. Primeiramente a moral natural, ditando princípios amplos e simples de convivência humana. Depois, a moral religiosa que se reportava a uma divindade, a um ser superior a todos – inclusive ao próprio bem e ao mal – para condenar veementemente tudo o que tivesse a mínima sombra de mal, privilegiando o bem, declarando a este como emanação sublime da divindade ou como elemento primordial da própria essência da divindade.

Em *Além do bem e do mal*, Nietzsche discute essa problemática a seu modo. Para ele, a questão *bem e mal* está além da própria moral, porquanto esta estabeleceu valores que não representam a essência da sublimidade do ser humano. A moral religiosa estabeleceu normas rígidas que criou invocando uma divindade que lhe daria respaldo para ditar essas normas de coação, opressão e escravização. Mas a divindade existe?

Menos feliz ainda foi a ciência que criou verdades para dirimir não somente a dúvida sobre a essência do bem e do mal, mas para determinar que o bem é supremo e que o mal não passa de mal, no sentido natural de coisa inferior, de perversão do correto, de algo que foge aos princípios científicos que regem as leis naturais.

De igual modo, a política não trouxe solução alguma a contento. Pelo contrário, confundiu mais ainda o homem ao estabelecer um poder, um domínio, uma autoridade que nada mais representavam que opressão e supressão não só da liberdade do homem, mas de sua própria essência como ser com sua individualidade e com sua sociabilidade.

A solução de Nietzsche é simples: respirar outros ares. Mas é também complexa: voar mais alto, para o alto, acima do bem e do mal.

Ciro Mioranza

VIDA E OBRA DO AUTOR

Friedrich Wilhelm Nietzsche nasceu em Röcken, Alemanha, no dia 15 de outubro de 1844. Órfão de pai aos 5 anos de idade, foi instruído pela mãe nos rígidos princípios da religião cristã. Cursou teologia e filologia clássica na Universidade de Bonn. Lecionou Filologia na Universidade de Basiléia, na Suíça, de 1868 a 1879, ano em que deixou a cátedra por doença. Passou a receber, a título de pensão, 3.000 francos suíços que lhe permitiam viajar e financiar a publicação de seus livros. Empreendeu muitas viagens pela Costa Azul francesa e pela Itália, desfrutando de seu tempo para escrever e conviver com amigos e intelectuais. Não conseguindo levar a termo uma grande aspiração, a de casar-se com Lou Andreas Salomé, por causa da sífi- lis contraída em 1866, entregou-se à solidão e ao sofrimento, isolando-se em sua casa, na companhia de sua mãe e de sua irmã. Atingido por crises de loucura em 1889, passou os últimos anos de sua vida recluso, vindo a falecer no dia 25 de agosto de 1900, em Weimar. Nietzsche era dotado de um espírito irrequieto, perquiridor, próprio de um grande pensador. De índole romântica, poeta por natureza, levado pela imaginação, Nietzsche era o tipo de homem que vivia recurvado sobre si mesmo. Emotivo e fascinado por tudo o que resplende vida, era ao mesmo tempo sedento por liberdade espiritual e intelectual; levado pelo instinto ao mundo irreal, ao mesmo tempo era apegado ao mundo concreto e real; religioso por natureza e por formação, era ao mesmo tempo um demolidor de religiões; entusiasta defensor da beleza da vida, era também crítico feroz de toda fraqueza humana; conhecedor de si mesmo, era seu próprio algoz; seu espírito era campo aberto em que irromperam as mais variadas tendências, sob a influência de sua agitada consciência.

Espírito irrequieto e insatisfeito, consciência eruptiva e crítica, vivia uma vida de lutas contra si mesmo, de choques com a humanidade, de paradoxos sem limite. Assim era Nietzsche.

PRINCIPAIS OBRAS:

A gaia ciência

A genealogia da moral

Além do bem e do mal

A origem da tragédia

Assim falava Zaratustra

Aurora

Considerações intempestivas

Humano, demasiado humano

O caso Wagner

O crepúsculo dos ídolos

O nascimento da filosofia na época da tragédia grega

Além do bem e do mal

Prelúdio de uma Filosofia do Futuro

PREFÁCIO

Admitindo-se que a verdade seja feminina – não haveria alguma verossimilhança ao afirmar que todos os filósofos, enquanto forem dogmáticos, não sabem como lidar com mulheres? Que a trágica seriedade, a indiscrição inoportuna com que até agora estavam acostumados a conquistar a verdade não eram meios pouco adequados para cativar o coração de uma mulher? O que é certo é que essa não se deixou cativar – e todos os dogmáticos têm hoje um semblante triste e desencorajado. Se é que têm um semblante qualquer!

De fato, há zombadores que pretendem que a dogmática não subsiste mais, pois acreditam que jaz por terra, pior ainda, que está agonizante. Falando sério, acredito que haja bons motivos para esperar que todo dogmatismo em filosofia, qualquer que seja sua atitude solene e quase definitiva, tenha sido uma nobre infantilidade e um balbucio. Talvez esteja próximo o tempo em que se compreenderá o que é suficiente para formar a base de um edifício filosófico, sublime e absoluto, como aquele que levantaram os dogmáticos. Foi uma superstição popular qualquer, datando de tempos remotos (como, a crença da alma que, como crença no sujeito e no eu, não terminou ainda de causar perturbação); foi talvez um jogo de palavras, um equívoco gramatical ou alguma generalização temerária de fatos muito restritos, muito pessoais, muito humanos, demasiado humanos. A filosofia dos dogmáticos foi, esperamos, apenas uma promessa feita para alguns milhares de anos, como foi o caso da astrologia em época ainda anterior, a serviço da qual talvez foram gastos mais trabalho, dinheiro, perspicácia e paciência do que se gastou depois para toda a verdadeira ciência; – é à astrologia ainda, a suas aspirações supraterrestres, que devemos o estilo grandioso da arquitetura da Ásia e do Egito.

Parece que todas as grandes coisas, para gravar no coração da humanidade suas exigências eternas, devem primeiramente vagar pela terra trazendo uma máscara assustadora e monstruosa. A filosofia dogmática tomou uma máscara desse tipo, quando se manifestou na doutrina dos Vedas na Ásia ou no platonismo na Europa. Não somos ingratos para com eles, embora seja necessário confessar que o erro mais nefasto, mais penoso e mais perigoso que jamais tenha sido cometido, foi o erro dos dogmático, precisamente a invenção platônica, a do espírito puro e do bem em si.

Mas hoje que superamos esse erro, que a Europa, libertada desse pesadelo, recomeça a respirar e desfruta pelo menos de um sono mais salutar, somos nós, *nós cujo único dever é permanecermos acordados,* os herdeiros de toda força que a luta contra esse erro fez aumentar. Seria colocar a verdade de cabeça para baixo e negar a *perspectiva*, negar as condições fundamentais de toda vida, falar do espírito do bem à maneira como o faz Platão. Poder-se-ia até mesmo perguntar, como médico, "de onde vem essa doença, surgida no mais belo produto da Antiguidade, em Platão? Seria então verdade que o mau Sócrates o tivesse corrompido? Seria Sócrates verdadeiramente o corruptor da juventude? Teria merecido realmente a cicuta?"

Mas a luta contra Platão, ou melhor, para falar mais claramente, como convém ao "povo", a luta contra a opressão clerical cristã, exercida há milhares de anos – pois o cristianismo é um platonismo para o "povo" – essa luta produziu na Europa uma maravilhosa tensão do espírito, até então nunca vista na terra; com um arco tão fortemente distendido, é possível então visar os alvos mais distantes. É verdade que o homem da Europa sofre essa tensão e, por duas vezes, foram feitas grandes tentativas para relaxar o arco, a primeira foi feita pelo jesuitismo e a outra pelo racionalismo democrático. Com o auxílio da liberdade de imprensa, com a leitura dos jornais, pode ser que cheguemos a obter verdadeiramente esse resultado, a tal ponto que o espírito não terá mais "pesadelos". (Os alemães inventaram a pólvora – com todos os cumprimentos! Mas depois se recuperaram – inventaram a imprensa.) Mas nós, nós que não somos jesuítas, nem democratas, nem mesmo suficientemente alemães, nós bons europeus e espíritos livres, espíritos muito livres – sentimos ainda em nós todo o perigo da inteligência e toda a tensão de seu arco! E talvez também a flecha, a missão, quem sabe? o alvo.....

Sils-Maria, Engadina Superior, junho de 1885.

PRIMEIRA PARTE
OS PRECONCEITOS DOS FILÓSOFOS

1

A vontade da verdade, que nos poderá levar ainda a muitas aventuras, essa famosa veracidade de que todos os filósofos até agora falaram com veneração, quantos problemas essa vontade da verdade já nos levantou! Quantos problemas singulares, graves e dignos de serem postos! Já é uma longa história – e, no entanto, parece que acaba de começar. Que haveria de estranho, se acabássemos por nos tornarmos desconfiados, se perdêssemos a paciência, se nos tornássemos impacientes? Aprendemos, nós também, dessa esfinge a nos questionarmos; quem nos viria aqui precisamente a nos questionar? Que parte de nós mesmos tende à "verdade"? – De fato, nós nos detivemos longamente diante da razão dessa vontade – até que acabamos por nos deter diante de uma pergunta mais importante ainda. Nós nos perguntamos então sobre o *valor* dessa vontade. Pode ser que desejemos a verdade; por que não *haveríamos de preferir* a não-verdade? – O problema do valor se apresentou a nós – ou melhor, fomos nós que nos apresentamos a esse problema? Quem de nós é aqui Édipo? Quem, a esfinge? Ao que parece é um verdadeiro encontro de problemas e de questões. – E poder-se-ia crer nisso? No fim das contas, parece que o problema jamais foi colocado até agora, que fomos os primeiros a percebê-lo, a considerá-lo, a assumir o risco de tratar dele. De fato, é um risco a correr e, talvez, o maior de todos.

2

"Como uma coisa poderia nascer de seu contrário? Por exemplo, a verdade do erro? Ou a vontade do verdadeiro da vontade do erro? O ato desinteressado do egoísta? Ou como a contemplação pura e radiante do sábio nasceria da cobiça? Semelhantes origens são impossíveis; seria loucura pensar nisso, até pior. As coisas de mais alto valor devem ter outra origem, uma origem que lhes seja peculiar – não poderiam ter saído desse mundo passageiro, falaz, ilusório, desse labirinto de erros e de desejos! É, pelo contrário, no seio do ser, no imutável, na divindade oculta, na "coisa em si" que se deve encontrar sua razão de ser e não em qualquer outro lugar!"

Essa forma de apreciar constitui o preconceito típico com o qual são realmente reconhecidos os metafísicos de todos os tempos. Essas avaliações se encontram na base de todos os seus procedimentos lógicos; é a partir dessa "crença" que se esforçam para atingir seu "saber", para alcançar alguma coisa que, finalmente, é solenemente proclamada "verdade". A crença fundamental dos metafísicos é a *crença na oposição dos valores*. Os mais instruídos dentre eles jamais pensaram em levantar dúvidas desde o início, quando isso teria sido mais necessário: ainda que tivessem feito voto *"de omnibus dubitandum"*[1]. Pode-se perguntar, com efeito, primeiramente se, de uma forma geral, existem contrários e, em segundo lugar, se as avaliações e as oposições que o povo criou para apreciar os valores, aos quais a seguir os metafísicos colocaram sua marca, não são talvez avaliações superficiais, perspectivas momentâneas, projetadas, dir-se-ia, do fundo de um canto, talvez de baixo para cima, perspectivas de rã, de algum modo, para empregar uma expressão familiar aos pintores? Qualquer que seja o valor que se atribua ao verdadeiro, ao verídico, ao desinteressado, poderia muito bem acontecer que se devesse atribuir à aparência, à vontade de enganar, ao egoísmo e à cobiça, um valor superior e mais fundamental para toda a vida. Além do mais, seria ainda possível que *aquilo* que constitui o valor dessas coisas boas e reverenciadas consistisse precisamente em que elas são aparentadas, ligadas e emaranhadas de uma forma insidiosa e talvez até mesmo idênticas às coisas más, aparentemente contrárias. Talvez! – Mas quem, portanto, se

---
(1) Expressão latina que quer dizer: *deve-se duvidar de tudo* (N. do. T.).

ocuparia de um tão perigoso "talvez"! É preciso esperar, para isso, a chegada de uma nova espécie de filósofos, daqueles que são animados de um gosto diferente, qualquer que seja, de um gosto e de uma inclinação que difeririam totalmente daqueles que estiveram em curso até aqui – filósofos de um perigoso "talvez", sob todos os aspectos. E para falar seriamente: já os vejo chegando, esses novos filósofos.

3

Após ter passado bastante tempo a ler os filósofos nas entrelinhas e a inspecionar até a raiz das unhas, terminei por me dizer que a maior parte do pensamento consciente deve também ser incluída entre as atividades instintivas, sem excetuar até mesmo o pensamento filosófico. É necessário aqui aprender a julgar de outra forma, como já foi feito com relação à hereditariedade e aos "caracteres adquiridos". Do mesmo modo que o ato do nascimento tem pouca importância no conjunto do processo hereditário, assim também o fato da "consciência" não se opõe, de uma forma decisiva, aos fenômenos instintivos – a maior parte do pensamento consciente de um filósofo é secretamente governada por seus instintos e forçada a seguir uma via traçada. Atrás da própria lógica e da aparente autonomia de seus movimentos, há avaliações de valores, ou me exprimir mais claramente, exigências físicas que devem servir para a manutenção de um determinado gênero de vida. Afirmar, por exemplo, que o determinado tem mais valor que o indeterminado, a aparência menos valor que a "verdade": semelhantes avaliações, apesar da importância normativa que têm para nós, não poderiam ser senão avaliações de primeiro plano, uma espécie de tolice, útil talvez para a conservação de seres como nós. Se for admitido, naturalmente, que o homem não é a "medida das coisas"...

4

A falsidade de um juízo não é para nós uma objeção contra esse juízo. Aí está o que nossa nova linguagem tem talvez de mais estranho. Trata-se de saber em que medida esse juízo acelera e conserva a vida, mantém e mesmo desenvolve a espécie. E, por princípio, nos inclinamos a sustentar que os juízos mais falsos (dos quais fazem parte os juízos sintéticos *a priori*) são, para nós, os mais indispensáveis, que o homem não poderia viver sem o curso forçado dos valores da lógica, sem medir a realidade com a estiagem do mundo puramente fictício do incondicionado, do idêntico a si, sem uma falsificação constante do mundo pelo número – querer renunciar a juízos falsos seria renunciar à vida, negar a vida. Admitir que a mentira é uma condição vital, isso é certamente opor-se de forma perigosa às avaliações habituais; uma filosofia que o ousasse, lhe bastaria para colocar-se desse modo além do bem e do mal.

5

O que incita a considerar todos os filósofos, metade com desconfiança e metade com ironia, não é porque se perceba sem cessar como são inocentes, como se enganam e se equivocam facilmente e muitas vezes – em resumo, não é sua infantilidade e sua puerilidade que nos chocam, mas sua falta de retidão. Eles, pelo contrário, fazem grande barulho em torno de sua virtude, logo que se toca, mesmo que seja de longe, o problema da verdade. Todos parecem querer demonstrar que chegaram a suas opiniões pelo desenvolvimento natural de uma dialética fria, pura e divinamente impassível (diferentes nisso dos místicos de toda espécie que eles, de modo muito ingênuo, falam, de "inspiração") – enquanto no fundo defendem uma tese antecipada, uma ideia súbita, uma "inspiração" e, na maioria das vezes, um desejo íntimo que apresentam de forma abstrata, que passam ao crivo e o expõem com motivos laboriosamente rebuscados. São todos advogados que não querem passar como tais. Na maioria das vezes, são até mesmo os defensores astutos de seus preconceitos, que batizam com o nome de "verdades" – *muito* distantes no entanto da intrepidez de consciência que se confessa a si mesma justamente, muito distantes do bom gosto da bravura que quer também fazê-lo compreender aos outros, seja para preservar um inimigo ou um amigo, seja também por audácia e para zombar dessa bravura. A hipocrisia tão rígida quanto modesta do velho Kant, pela qual nos atrai a suas vias desviadas da dialética, essas vias que nos levam ou antes que nos induzem a seu "imperativo categórico" – esse espetáculo nos faz sorrir, a nós crianças mimadas, que não sentimos o menor prazer em guardar as sutis perfídias dos velhos moralistas e dos pregadores da moral. Ou ainda esses malabarismos matemáticos, com os quais Spinoza mascarou sua filosofia – isto é, o "amor de *sua* própria sabedoria", para interpretar assim, como convém, a palavra "filosofia" – com o qual armou sua filosofia como que de uma couraça para intimidar assim, desde o início, os assediantes que ousassem lançar um olhar a essa virgem invencível, verdadeira Palas de Atenas! Como essa máscara deixa adivinhar a timidez e a vulnerabilidade de um doente solitário!

6

Pouco a pouco me dei conta do que foi até agora toda grande filosofia: a confissão de seu autor, uma espécie de *memórias* involuntárias e insensíveis; percebi que as intenções morais (ou imorais) formavam, em toda filosofia, o verdadeiro germe vital de onde nasce cada vez a planta inteira. Se quisermos saber como se formaram as afirmações metafísicas mais transcendentes de um filósofo – faríamos bem, e isso seria até mesmo inteligente, perguntar-nos a que moral quis chegar com isso. Desse ponto de vista, não acredito que o "instinto do conhecimento" seja o pai da filosofia, mas antes, que é outro instinto que se serviu, aí também, do conhecimento (e do desconhecimento) como de um simples instrumento. Quem quer que examine os instintos fundamentos do homem, com a intenção de saber até que ponto os filósofos se divertiram, aqui sobretudo, com seu jogo de *gênios* inspiradores (demônios ou duendes talvez), haverá de reconhecer que todos esses instintos algum dia já fizeram filosofia – e que o maior desejo de cada um deles seria de se apresentar como fim único da existência, tendo qualidades para *dominar* os outros instintos. De fato, todo instinto é ávido de dominação: e *como tal* aspira a filosofar. Certamente, nos sábios, nos verdadeiros espíritos científicos, pode ocorrer que seja de outra forma – que isso seja "melhor", se quisermos. Talvez haja neles verdadeiramente alguma coisa como o instinto de conhecimento, uma pequena mecânica autônoma que, bem montada, funcione a contento, sem que os outros instintos do sábio participem dela de modo essencial. É por isso que os verdadeiros interesses do sábio se encontram geralmente em outro lugar, por exemplo, na família, nos negócios ou na política; é até mesmo indiferente que sua pequena máquina seja colocada em tal ou qual ponto da ciência e que o jovem trabalhador do "futuro" se converta num bom filólogo ou talvez num bom conhecedor de cogumelos ou ainda químico – pouco importa para *distingui-lo*, se se torne isso ou aquilo. Pelo contrário, no filósofo, nada há de impessoal; e particularmente sua moral demonstra, de uma forma decisiva e absoluta, o que é – isto é, em que relação hierárquica se encontram os instintos mais íntimos de sua natureza.

7

Como os filósofos podem ser maus! Não conheço nada de mais pérfido que a brincadeira que Epicuro se permitiu com relação a Platão e aos platônicos: ele os chamou de *Dionysiokolakes*. Isso quer dizer em primeiro lugar e de acordo com a etimologia "aduladores de Dionísio", acólitos de tirano, vis cortesãos; mas isso significa ainda um "monte de *comediantes*" (pois *Dionysiokolax*[1] era uma designação popular do comediante). E é sobretudo nesta última interpretação que se encontra o traço de maldade que Epicuro disparou contra Platão; ele estava indignado com o porte majestoso, com a habilidade de aparecer em público, que tão bem sabiam fazer Platão e seus discípulos - ao que não se adequava Epicuro, ele, o velho professor de Samos que escreveu 300 obras, oculto em seu pequeno jardim de Atenas. E quem sabe? Talvez não os tenha escrito por despeito, por orgulho, para provocar Platão? – Seriam necessários cem anos à Grécia para se dar conta do que era Epicuro, o Deus dos jardins. – Se é que ela realmente se deu conta...

8

---
(1) Termo grego que quer dizer *servidor de Dionísio* (N. do T.).

Em toda filosofia há um ponto em que a "convicção" do filósofo entra em cena ou, para tomar emprestada a linguagem de um antigo mistério:

"*Adventavit asinus*
pulcher et fortissimus"[1].

9

É de acordo com a "natureza" que querem viver! Ó nobres estoicos, que velhacaria a de vocês! Imaginem uma organização, como a natureza, pródiga sem medida, indiferente sem medida, sem intenções e sem consideração, sem piedade e sem justiça, a um tempo fecunda e estéril e incerta, imaginem a própria indiferença convertida em poder – como poderiam viver em conformidade com essa indiferença? Viver não é precisamente a aspiração a ser diferente da natureza? A vida não consiste precisamente em querer avaliar, preferir, ser injusto, limitado, conformado de outro modo? Admitindo que o imperativo "viver de acordo com a natureza" significasse no fundo a mesma coisa que "viver de acordo com a vida" – como não poderiam fazê-lo? Por que fazer um princípio daquilo que vocês mesmos são daquilo que devem ser? Na verdade, tudo é exatamente o contrário: quando pretendem ler, com entusiasmo, o cânon de sua lei na natureza, vocês aspiram a uma coisa totalmente diferente, surpreendentes comediantes que se enganam a si próprios! Sua altivez quer se impor à natureza, fazer penetrar nela sua moral, seu ideal; pedem que essa natureza seja uma natureza "conforme o Pórtico"[2] e gostariam que toda a existência não existisse senão à sua imagem – como uma monstruosa e eterna glorificação do estoicismo universal! Apesar de todo seu amor pela verdade, vocês se empenham, com uma perseverança que chega até a hipnotizá-los, a ver a natureza de um ponto de vista *falso*, isto é, estoico, de tal forma que não podem mais vê-la de outra forma. E, no fim das contas, algum orgulho sem limites ainda os leva a acariciar a esperança demente de poder tiranizar a natureza, porque ainda são capazes de tiranizar a vocês

---
(1) O asno avançou, belo e vigoroso (N. do T.).
(2) A praça de Atenas era cercada de pórticos, sob os quais filósofos ensinavam (N. do T.).

mesmos – pois o estoicismo é uma tirania que se impõe a si próprio – como o próprio estoico não era uma *porção* da natureza!... Mas isso é uma velha história, sempre a mesma: o que aconteceu outrora com os estoicos ocorre ainda hoje, desde que um filósofo começa a acreditar em si mesmo. Ele cria sempre o mundo à sua imagem, não pode fazer de outra forma, pois a filosofia é esse instinto tirânico, essa vontade de potência, a mais intelectual de todas, a vontade de "criar o mundo", a vontade da *causa prima*.

10

O zelo e a sutileza, poderia quase dizer a malícia, com que em toda Europa se dispõe a acompanhar de perto o problema do "mundo real" e do "mundo das aparências", se prestam a refletir e a escutar; e aquele que, em segundo plano, não ouve falar senão que a "vontade do verdadeiro" não pode se vangloriar de ter o ouvido mais refinado. Em certos casos, muito raros, pode ser que semelhante "vontade do verdadeiro" esteja realmente em jogo, o que não deixaria de ser uma intrepidez extravagante e aventureira, o orgulho metafísico de uma sentinela perdida que prefere um punhado de "certeza" a toda a nossa carrada de belas possibilidades. Também pode acontecer que haja puritanos fanáticos da consciência que preferem morrer por uma fé de um nada assegurado do que por uma probabilidade de alguma coisa de incerto. Ora, isso é niilismo e o indício de uma alma desesperada e fatigada até a morte: qualquer que seja a aparência de bravura que semelhante atitude quiser se atribuir. Parece, no entanto, que é totalmente diverso nos pensadores mais vigorosos que ainda estão animados de uma vitalidade mais abundante e mais ávida por viver. Quando tomam partido contra a aparência e pronunciam com orgulho a palavra "perspectiva", quando estimam tão pouco o testemunho de seu próprio corpo como aquele da aparência que afirma que a terra é imóvel, renunciando assim, com um visível desinteresse, à aquisição mais segura (pois há por acaso algo mais seguro do que o próprio corpo?) – quem sabe se, no fundo, não querem reconquistar alguma coisa que outrora possuíam de forma mais segura ainda, alguma coisa que faça parte do antigo apanágio da fé, talvez a alma imortal, talvez o "Deus antigo"; em resumo, ideias que haveriam de fornecer uma base da vida mais sólida, isto é, melhor e mais alegre que com as bases das "ideias modernas"? Há nisso *desconfiança* com relação a essas "ideias modernas", há incredulidade a respeito de tudo o que foi construído ontem e hoje; a isso se une talvez um certo desgosto e uma leve ironia a respeito desse insuportável *bric-à-brac* de ideias de mais diversa origem, tudo o que introduz hoje no mercado aquilo que se chama positivismo, uma repugnância do gosto refinado diante dessa essa mescla de feira e esses trapos, onde desfilam esses filosofastros da realidade, para quem nada é novo e sério, senão precisamente essa feira. Parece-me que, nesse ponto, é que se deve dar a razão a esses céticos anti-realistas, a esses minuciosos analistas do conhecimento: seu instinto que os expulsa da realidade *moderna* não foi refutado – que importa o fato de tomarem caminhos desviados que nos conduzem para trás? O que é essencial neles não é que querem voltar "atrás", mas é realmente que eles querem – *ir embora*. Um pouco *mais* de força, de vigor, de coragem, de domínio e gostariam de *sair* de tudo isso – e não caminhar para trás.

11

Parece-me que hoje todos se esforçam para minimizar a influência real que Kant exerceu na filosofia alemã e sobretudo insinuar prudentemente o valor que ele próprio se atribuía. Kant se orgulhava, antes de tudo, de sua tabela de categorias. Com essa tabela na mão, dizia: "Isto é o mais difícil que jamais se poderia ter empreendido na área da metafísica." – Que se entenda bem esse "poderia ter"! Ele se sentia orgulhoso por ter *descoberto* no homem uma nova faculdade do juízo sintético *a priori*. Bem que cometeu um erro nesse ponto, pois o desenvolvimento e o rápido florescimento da filosofia alemã não deixam de ter menos participação nesse orgulho e no zelo que incitou a todos os jovens pensadores a descobrir, se possível, alguma coisa que os orgulhasse mais ainda – a descobrir, em todo caso, "novas faculdades". Mas reflitamos um pouco, posto que ainda temos tempo! De que modo são possíveis os juízos sintéticos *a priori?* se perguntava Kant. E que respondia? *Por meio de uma faculdade*. Infelizmente, não se contentou com uma resposta em três palavras. Foi prolixo, solene, demonstrou ostentação de profundeza e de linguagem confusa germânicas, a ponto de esquecer a alegre *tolice alemã* que se oculta no fundo de semelhante resposta. Melhor ainda, todos se sentiram tomados de alegria diante dessa descoberta de uma nova faculdade e o entusiasmo chegou ao cúmulo quando Kant acrescentou uma nova descoberta, aquela da *faculdade moral do homem*; - de fato, nessa época os alemães eram ainda morais e ignoravam o realismo político. Essa foi a lua-de-mel da filosofia alemã. Todos os jovens teólogos do seminário de Tübingen se dedicaram a pesquisar para descobrir novas "faculdades". E o que foi que não se descobriu, durante esse período ainda tão juvenil da filosofia alemã, esse período inocente e rico, no qual cantava a fada maligna do romantismo, quando não se sabia ainda distinguir entre "descobrir" e "inventar"! Descobriram principalmente uma faculdade para as coisas "supra-sensíveis". Schelling a denominou intuição intelectual, satisfazendo assim aos mais fervorosos desejos de seus alemães, repletos de aspirações piedosas. A pior injustiça que se pode cometer contra esse impetuoso e entusiasta movimento que era só juventude, embora se disfarçasse audaciosamente com um manto de ideias cinzentas e senis, seria tê-lo levado a sério, tratá-lo realmente com indignação moral. Em resumo, tornaram-se mais velhos – e o sonho se desvaneceu. Chegou o momento em que passaram a esfregar os olhos. Antes de todos e em primeiro lugar, o velho Kant. "Por meio de uma faculdade", havia dito, mas queria dizer pelo menos. Mas isso é uma resposta? Uma explicação? Ou melhor, não é a simples repetição da pergunta? Por que o ópio faz dormir? "Por meio de uma faculdade", pela *virtus dormitiva* – respondia o médico de Molière:

"*Quia est in eo virtus dormitiva*

cuyus est natura sensus assoupire"[1].

Mas semelhantes respostas são convenientes para a comédia e finalmente chegou o tempo de substituir a pergunta de Kant: "Como são possíveis os juízes sintéticos *a priori?*" por outra pergunta: "Por que é *necessário* acreditar nessa categoria de juízos?" Quer dizer que finalmente chegou o momento de compreender que, para a conservação dos seres de nossa espécie, esses juízos devem ser tidos como *verdadeiros*, o que não

---
(1) Porque há nele uma força dormitiva, cuja natureza é de entorpecer os sentidos (N. do T.).

impediria, por outro lado, ser juízos *falsos,* ou, para falar com maior clareza, para dizer as coisas de forma mais grosseira e radical: os juízos sintéticos *a priori* não deveriam em absoluto "ser possíveis". Não temos nenhum direito sobre eles, são como tantos outros juízos falsos que pronunciamos. Entretanto, era necessário que fossem tidos por verdadeiros, tal como uma crença de primeiro plano, como um aspecto que faz parte da ótica da própria vida. – E, para levar em consideração finalmente a enorme influência exercida em toda a Europa pela "filosofia alemã" – espero que todos compreendam seu direito às aspas – não se poderia duvidar que certa *virtus dormitiva* contribuiu para isso: estávamos extasiados, entre os nobres desocupados de todas as nações, moralistas, místicos, artistas, as três quartas partes de cristãos e obscurantistas políticos, extasiados por possuir, graças à filosofia alemã, um contraveneno para combater o sensualismo todo-poderoso que, do século anterior, havia transbordado neste; em resumo – *sensus assoupire...*

12

O atomismo materialista é uma das coisas mais bem refutadas que existem e, sem dúvida, entre os sábios, ninguém é hoje tão ignorante a ponto de lhe conferir alguma importância, se não for para a comodidade pessoal e para o uso corrente (notadamente para abreviar a terminologia). Deve-se agradecer sobretudo a esse polonês Boscovich[1] que, foi até o presente, com outro polonês, Copérnico, o maior e mais vitorioso adversário da aparência. Enquanto Copérnico logrou fazer-nos crer, contrariamente ao testemunho de nossos sentidos, que a terra não é imóvel, Boscovich nos ensinou a renegar a crença na última coisa que subsistia como "estabelecida" na terra, a crença na "matéria" e o átomo, última redução da terra. Foi o maior triunfo conquistado até então sobre os sentidos. – Mas deve-se ir mais longe e declarar guerra também à "necessidade atômica" que ainda sobrevive da forma mais perigosa em domínios de que ninguém suspeita, como essa famosa "necessidade metafísica", e essa seria uma guerra inexpiável, uma guerra a facadas. Deve-se, antes de qualquer coisa, dar o golpe de

-----
(1) Rugiero Giuseppe Boscovich nasceu em Ragusa em 1711. Era, portanto, dálmata e não polonês (N. do T.).

misericórdia a esse outro atomismo, mais funesto ainda, o *atomismo das almas*, que o cristianismo por mais tempo e melhor ensinou. Que me seja permitido designar por essa palavra a crença que considera a alma como uma coisa de indestrutível, eterna, indivisível, como uma mônada, como um *átomo*. É esta crença que deve ser eliminada da ciência! Por outro lado, não é de modo algum necessário, seja dito entre nós, desembaraçar-se da própria "alma" e renunciar a uma das mais antigas e veneráveis hipóteses, como o fazem com imperícia naturalistas que, desde que tocam a "alma", logo a perdem. O caminho fica aberto para novas concepções mais sutis da alma considerada como uma hipótese e para ideias como aquela da "alma imortal", da "alma, pluralidade de sujeitos", da "alma, coordenadora dos instintos e das paixões", ideias que desde já reclamam direito de cidadania na ciência. O psicólogo moderno, para acabar com as superstições que pululavam até o presente em torno da noção de alma, com uma abundância quase tropical, de algum modo se retirou ele próprio num novo deserto e numa nova desconfiança. Provavelmente os psicólogos antigos tenham resolvido isso de maneira mas agradável e mais divertida. Mas, no final das contas, o psicólogo moderno se vê com isso condenado a *inventar* - e, quem sabe, talvez também a *descobrir*.

13

Os fisiologistas deveriam hesitar em considerar o instinto de conservação como instinto fundamental de todo ser orgânico. Antes de tudo, aquele que vive quer dar livre curso à sua força. A própria vida é vontade de potência. A conservação em si não passa de uma das consequências indiretas mais frequentes. – Em resumo, aqui como em qualquer outro local, cuidado com os princípios teológicos supérfluos, como o instinto de conservação (o esforço de preservar o ser que se deve à inconsequência de Spinoza). De fato, assim o exige o método que deve ser antes de tudo parco de princípios.

14

Há talvez cinco ou seis cérebros que começam a suspeitar que também a física é somente um instrumento para interpretar e regrar o mundo (é nosso parecer, que seja dito com permissão) e *não* uma explicação do universo; mas na medida em que a física se apóia na crença dos sentidos, esta vale mais e continuará valendo mais durante muito tempo, isto é, como explicação. Ela tem a seu favor os olhos e os dedos, isto é, a vista e o tato. Numa época de gostos profundamente plebeus, isso tem um efeito mágico; nada como isso para persuadir e convencer! De fato, é obedecer instintivamente ao cânon de verdade do sensualismo eternamente popular. O que há de claro aqui? O que é que "explica"? – O que se pode ver e tocar. Todo problema deve ser levado até esse ponto. Ora, o encanto do pensamento platônico se alimentava, pelo contrário, da repugnância para tudo o que caía sob os sentidos e essa era uma maneira *nobre* de pensar – talvez entre os homens que eram dotados de sentidos mais vigorosos e mais exigentes que aqueles de nossos contemporâneos, mas que sabiam saborear um triunfo superior mantendo-se senhores deles. Conseguiam por meio de uma rede de ideias pálidas e frias que jogavam no turbilhão matizado dos sentidos – a plebe dos sentidos, como dizia Platão. Havia nessa sujeição do mundo, nessa interpretação à maneira de Platão, um *contentamento* bem diferente daquele que nos oferecem os físicos de hoje, como os darwinistas e os antifinalistas, entre nossos operários fisiologistas com seu princípio de "mínimo de energia" e de máximo de estupidez. "Lá onde o homem não tem nada a ver nem a tocar, não há nada tampouco a procurar." Esse é certamente outro imperativo, diferente do imperativo de Platão, mas que poderá muito bem ser o bom para uma raça rude e laboriosa de construtores de máquinas e de pontes que, no futuro, não terão outra coisa a fazer senão realizar trabalhos *grosseiros*.

15

Para estudar seriamente a fisiologia é preciso ater-se a que os órgãos dos sentidos *não* sejam considerados como fenômenos como os considera a filosofia idealista. De outra forma, não poderiam ser causas. Sensualismo tomado pelo menos como hipótese reguladora, para não dizer como princípio heurístico. Como? E outros pretendem até mesmo que o mundo exterior é obra de nossos órgãos? Mas então nosso corpo, que faz parte do mundo exterior, seria obra de nossos órgãos? Por conseguinte, nossos órgãos seriam eles próprios obra de nossos órgãos! Aí está, segundo me parece, uma profunda *reductio ad absurdum*[1], por pouco que a noção de *causa sui*[2] seja alguma coisa de fundamentalmente absurdo. Disso resultaria que o mundo exterior *não* é obra de nossos órgãos?

16

Há ainda observadores bastante ingênuos para crer que existem "certezas imediatas", por exemplo, "eu penso" ou, como acreditava Schopenhauer, "eu quero". Como se o conhecimento conseguisse apreender seu objeto pura e simplesmente, sob forma de "coisa em si", como se não houvesse alteração nem do lado do objeto nem do lado do sujeito. Mas vou repetir cem vezes que a "certeza imediata", bem como o "conhecimento absoluto", a "coisa em si" encerram uma *contradictio in adjecto*[3]: seria preciso, enfim, subtrair-se da magia falaciosa das palavras. É bom para o povo acreditar que o *conhecimento* consiste no fato de conhecer uma coisa até o fundo. O filósofo, no entanto, deve se dizer: "Se decomponho o processo lógico expresso na frase "eu penso", obtenho uma série de afirmações arriscadas, cujo fundamento é difícil e talvez impossível de estabelecer – por exemplo, que sou *eu* quem pensa, que deve haver alguma coisa que pensa, que "pensar" é a atividade e o efeito de um ser, considerado como causa, que existe um "eu", enfim, que já foi estabelecido o que se deve entender por pensar – isto é, que *eu* sei o que pensar quer dizer. De fato, se, à parte *eu*, eu já não tivesse fixado a esse respeito, sobre como deveria me regular para saber se o que acontece não equivaleria a "querer" ou a "sentir"? Em resumo, esse "eu penso" pressupõe que *comparo* meu estado momentâneo com outros estados que conheço em mim para estabelecer de que tipo é. Por causa desse retorno a um "saber" de origem diferente, meu estado não me

---

(1) Consequência absurda (N. do T.).
(2) Causa de si (N. do T.).
(3) Contradição nos termos (N. do T.).

proporciona uma "certeza imediata". – Em lugar dessa "certeza imediata", à qual o povo acreditaria talvez no caso dado, o filósofo se apodera de uma série de questões de metafísica, verdadeiros problemas de consciência, como esses: "De onde retiro minha noção de "pensar"? Por que devo crer na causa e no efeito? Com que direito posso falar de um "eu" e de um "eu" como causa e por fim, de eu eu como causa intelectual?" Aquele que, apoiado numa espécie de *intuição* do conhecimento, se atrever a responder imediatamente a essa questão de metafísica, como faz aquele que diz: "Eu penso e sei que isto pelo menos é verdadeiro, real, certo" – aquele há de provocar hoje no filósofo um sorriso e dois pontos de interrogação: "Senhor, lhe dirá talvez o filósofo, parece-me incrível que não se equivoque, mas também, por que querer a qualquer preço a verdade?"

17

Com relação aos artigos de fé dos lógicos, quero sublinhar ainda, incansavelmente, um pequeno fato que esses espíritos supersticiosos não confessam senão a contragosto. É que um pensamento não ocorre senão quando quer e não porque "*eu*" quero, de modo que é uma *alteração* dos fatos pretender que o sujeito "*eu*" é a condição do atributo "penso". Algo pensa, mas acreditar que "algo" é o antigo e famoso "*eu*", é uma pura suposição, uma afirmação talvez, mas não é certamente uma "certeza imediata". Afinal, já é demasiado dizer que "algo pensa", pois isso já se configura como a *interpretação* de um fenômeno em lugar do próprio fenômeno. Conclui-se aqui de acordo com a rotina gramatical: "Pensar é uma atividade, é preciso que alguém que aja por conseguinte..." O velho atomista se apoiava aproximadamente sobre o mesmo dispositivo para acrescer à força que age essa parcela de matéria em que reside a força, em que esta tem seu ponto de partida: o *átomo*. Os espíritos mais rigorosos terminaram por desfazer-se desse "resíduo terrestre" e talvez chegue o dia em que, mesmo entre os lógicos, se prescinda desse pequeno "algo" (a que se terá reduzido finalmente o venerável "*eu*").

Não é, certamente, o menor encanto de uma teoria o fato de ser refutável. Com isso, ela atrai precisamente os cérebros mais sensíveis. Acredito que a teoria centenas de vezes refutada do "livre-arbítrio" não deve sua persistência a não ser a esse atrativo. Encontra-se sempre alguém que se sente bastante forte para essa refutação.

19

Os filósofos gostam de falar da vontade como se fosse a coisa mais conhecida do mundo. Schopenhauer deu até mesmo a entender que a vontade é a única coisa que nos é conhecida, perfeitamente conhecida, sem dedução nem adjunção. Mas não posso deixar de pensar que Schopenhauer não fez nesse caso o que os filósofos costumam fazer: ele se apoderou de um *preconceito popular* e se contentou em exagerá-lo. "Querer" me parece ser, antes de tudo, alguma coisa de *complicado*, alguma coisa que não possui unidade a não ser como palavra – e é precisamente numa palavra única que reside o preconceito popular que se tornou senhor da circunspecção sempre muito fraca dos filósofos. Sejamos, pois, ao menos uma vez mais discretos, sejamos "não-filósofos", digamos que em todo querer há, antes de tudo, uma multiplicidade de sentimentos: o sentimento do ponto de partida da vontade, o sentimento da finalidade, o sentimento do "vai-e-vem" entre esses dois estados; em seguida, um sentimento muscular concomitante que, sem pôr em movimento "braços e pernas", entra em jogo desde que o "queiramos". Do mesmo modo, portanto, que sentimentos de diversas espécies são reconhecíveis, como ingredientes na vontade, assim também entra, em segundo lugar, um ingrediente novo, a reflexão. Em cada ato da vontade há um pensamento diretor. Deve-se, portanto, evitar de acreditar que se pode separar esse pensamento do "querer" como se permanecesse ainda, depois disso, da vontade!. Em terceiro lugar, a vontade não é somente um complexo de sentimentos e de pensamentos, mas também uma inclinação, uma inclinação ao mando. O que se chama "livre-arbítrio" é essencialmente a consciência da superioridade frente ao que deve obedecer. "Eu sou livre, *ele* deve obedecer" - esse sentimento está oculto em toda manifestação da vontade, do mesmo modo que essa tensão do espírito, esse olhar direto que fixa exclusivamente um objeto, a avaliação absoluta da necessidade de "fazer tal coisa e não tal outra", a certeza íntima que será obedecido ao mando, e tudo o que ainda faz parte do estado daquele que manda. Um homem que *quer* dá ordens a alguma coisa nele que obedece, que pelo menos deveria obedecer. Ora, notem o que há de mais singular nessa vontade – essa coisa tão complicada que o povo não sabe exprimir senão por uma única palavra. Tomo o suposto caso em que somos a um só tempo soberano e súdito e admito que como súdito obediente conhecemos os sentimentos da opressão, da obrigação, da pressão, da resistência, do movimento que geralmente começam imediatamente depois do ato de vontade; o caso em que, por outro lado, temos o costume de não fazer caso dessa dualidade, de nos iludirmos a seu respeito graças ao conceito sintético do "eu", então toda uma cadeia de consequências errôneas e, por conseguinte, de falsas apreciações da vontade também se ligam ao querer – de modo que o ser que quer acredita de boa-fé que querer *basta* para a ação; porque, na maioria dos casos, a vontade não se exerceu a não ser quando a eficácia do mando, isto é, a obediência, por conseguinte a ação, podiam ser esperadas, a aparência, a única existente, se traduziu por um sentimento, pois havia nisso a *necessidade de um efeito*; em resumo, aquele que quer imagina, com alguma certeza, que querer e fazer são uma e mesma coisa, desconta o êxito, a realização do querer em benefício da própria vontade e desfruta de um acréscimo de sentimento de poder que todo êxito traz consigo. "Livre-arbítrio" – essa é a expressão para esse sentimento complexo de prazer no indivíduo que quer que manda e, ao mesmo tempo, se identifica com o executor – que desfruta do triunfo obtido sobre os obstáculos, mas que imagina, fora de si, que é sua própria vontade que triunfa sobre os obstáculos. O indivíduo que quer acrescenta, desse modo, às sensações de prazer que lhe proporciona o mando, as sensações de prazer dos instrumentos que executam e realizam as "subvontades" ou subalmas servis – pois nosso corpo não é mais que uma coletividade de numerosas almas. *L'effet c'est moi*[1]. Acontece aqui o mesmo que acontece em toda comunidade bem estabelecida e cujos destinos são felizes: a classe dominante se identifica com os êxitos da comunidade. Em toda vontade

---
(1) O efeito sou eu (N. do T.).

se trata, portanto, no final das contas, de mandar e de obedecer e isso com as bases de um estado social composto de "almas" numerosas. É por isso que um filósofo deveria se arrogar o direito de considerar a vontade sob o aspecto da moral: a moral, bem entendido, considerada como doutrina das relações de domínio sob os quais se desenvolve o fenômeno "vida".

20

Os diferentes conceitos filosóficos não são nada de fortuito, nada da autônomo, crescem, pelo contrário, numa relação de parentesco uns com os outros. Qualquer que seja a rapidez aparente e por pouco arbitrária que seja para surgir na história do pensamento, não deixam de pertencer a um mesmo sistema, ao mesmo título que todos os representantes da fauna de um continente. Percebe-se, afinal de contas, a maneira pela qual os mais diferentes filósofos preenchem sempre um mesmo quadro fundamental de todas as filosofias imagináveis. Como se fossem forçados por uma pressão invisível, percorrem sem cessar o mesmo círculo, apesar da independência que acreditam ter uns dos outros, em sua vontade de crítica ou sistemática. Alguma coisa no fundo deles mesmos os conduz, alguma coisa os impele uns depois dos outros, numa determinada ordem e é precisamente esse sistematismo inato, esse parentesco dos conceitos. Seu pensamento constitui, na verdade, menos uma descoberta que um reconhecimento, uma reminiscência, um retorno ao antigo e distante lar da alma, de onde os conceitos outrora surgiram. Filosofar é, nesse sentido, uma espécie de atavismo do mais elevado grau. O singular ar de família das filosofias indianas, gregas e alemãs tem uma explicação simples. Quando há afinidade de língua, pode-se precisamente evitar que, graças à filosofia comum da gramática – entendo graças à dominação e à conduta inconsciente pelas funções gramaticais idênticas – tudo se encontra preparado desde a origem em vista de um desenvolvimento e de uma sucessão semelhantes dos sistemas filosóficos, da mesma forma que a perspectiva de outras interpretações do universo parece fixada para sempre. É provável que os filósofos do grupo das línguas uro-altaicas (nas quais a noção de sujeito é a que demonstra menor desenvolvimento) considerem o universo de forma totalmente diversa e que suas pesquisas não sigam a mesma direção daquelas dos povos indo-europeus ou muçulmanos. A pressão exercida por funções gramaticais determinadas corresponde, em última instância, à pressão das avaliações *fisiológicas* e das condições das raças. – Tudo isso para refutar o espírito superficial de Locke sobre a origem das ideias.

21

A *causa sui* é a mais bela autocontradição já cogitada até aqui, uma espécie de violação e de monstruosidade lógicas. Mas o orgulho desmesurado do homem o levou a se emaranhar nesse absurdo e da maneira mais horrível. O cuidado do "livre-arbítrio", no sentido metafísico excessivo que ainda domina infelizmente os cérebros dos seres instruídos pela metade, esse cuidado de suportar por si a completa e absoluta responsabilidade de seus atos e não atribuí-la a Deus, ao mundo, aos ancestrais, ao acaso, à sociedade, esse cuidado, digo, não é outra coisa senão o desejo de ser precisamente essa *causa sui*, é puxar os próprios cabelos com uma temeridade que ultrapassa aquela de Münchhausen, para sair do pântano do nada e entrar na existência. Se alguém chegasse a vislumbrar a grosseira ingenuidade desse famoso conceito do "livre-arbítrio" e suprimisse esse conceito de seu cérebro, gostaria de levá-lo a dar mais um passo em suas "luzes" e fazê-lo suprimir igualmente de seu cérebro o contrário desse conceito monstruoso: refiro-me ao "servo-arbítrio" que conduz ao abuso da ideia de causa e efeito. Não se deve *coisificar* falsamente "causa" e "efeito", como fazem os especialistas das ciências da natureza (e todo aquele, a seu exemplo, naturaliza hoje as ideias), segundo a comum cretinice mecanicista que quer impelir e pressionar a causa até que passe a "agir". É conveniente não se servir da "causa" e do "efeito" senão em termos de *conceitos* puros, ou seja, como ficções convencionais que servem para determinar e para se entender e *não* para explicar. No "em si" não há "nexo causal", "necessidade absoluta", "determinismo psicológico"; ali, o "efeito" não segue a "causa", ali não impera a "lei". Fomos unicamente *nós* que inventamos as causas, a sucessão, a finalidade, a relatividade, a obrigação, o número, a lei, a liberdade, a modalidade, o fim; e quando introduzimos esse sistema de sinais como "em si" nas coisas, quando nos misturamos às coisas, fazemos uma vez mais o que sempre fizemos, isto é, *mitologia*. A vontade não livre do "determinismo" é mitologia. Na vida real não se trata senão de vontade *forte* e de vontade *fraca*. É quase sempre sintoma que lhe falta alguma coisa, quando um pensador, em todo "encadeamento causal", em toda "necessidade psicológica", prova uma espécie de opressão, um perigo, uma obrigação, uma pressão, uma falta de liberdade; é revelador sentir-se assim – e é a pessoa que se trai. Por outro lado, se observei bem, é de dois lados totalmente diferentes, mas sempre de uma maneira profundamente *pessoal* que o problema do "determinismo" é tratado. Uns não querem, a nenhum preço, abandonar suas "responsabilidades", a crença em si mesmos, o direito pessoal a seu próprio mérito (as raças vaidosas são desse tipo); outros, contrariamente, não querem responder por nada, não querem ser a causa de nada e pedem, em consequência de um secreto desprezo de si mesmos, poder se *eximir* de não se sabe o quê. Estes últimos, quando escrevem livros, têm sempre o costume de tomar nas mãos a causa dos criminosos; uma maneira de piedade socialista é seu disfarce mais conveniente. E, com efeito, o fatalismo da fraqueza de vontade se embeleza singularmente quando consegue apresentar-se como "religion de la souffrance humaine".[1] Esse é *seu* "bom gosto".

22

Que me perdoem meus hábitos de velho filólogo, se não posso renunciar ao maligno prazer de pôr o dedo nas más técnicas de interpretação, pois esse "reino das leis da natureza", de que vocês físicos falam com tanto orgulho – esse reino não subsiste senão graças à sua arte de interpretar, graças à sua má "filologia", não é um estado de fato, não é um "texto", não é, pelo contrário, senão um argumento ingenuamente humanitário, uma torção feita ao sentido, pelo qual vocês chegam na frente dos instintos democráticos da alma moderna! "Em toda parte igualdade perante a lei – como se nisso a natureza não resolvesse as coisas melhor do que nós."

----

(1) Religião do sofrimento humano (N. do T.).

Sedutora segunda intenção que encobre mais uma vez a inimizade da plebe contra toda marca de privilégio e de soberano! Mas é também um segundo ateísmo mais sutil. "*Ni Dieu, ni maître*"[1] – vocês também, vocês querem que seja assim e por isso exclamam: "Vivam as leis da natureza!" – não é? Mas, repito, isso é interpretação e não texto. Poderia surgir alguém com intenções opostas e com uma arte de interpretação diferente, que soubesse realmente ler, na própria natureza e partindo dos mesmos fenômenos, a realização tirânica e implacável das *pretensões ao poder* – poderia chegar um intérprete que pusesse diante de seus olhos o caráter geral e absoluto de toda "vontade de potência", a ponto que cada palavra, até mesmo a palavra "tirania", acabasse por parecer inutilizável, como uma metáfora adocicada e muito fraca – muito humana; um intérprete que afirmasse finalmente a respeito deste universo, e apesar de tudo, o que vocês próprios afirmam, isto é, que seu curso é "necessário" e "previsível", não porque nele leis reinam, mas porque as leis nele *fazem* absolutamente *falta* e que cada poder, a cada momento, vai até as últimas consequências. Admitamos que isso também não passa de uma interpretação; conheço bastante seu zelo para saber que me fariam essa objeção; pois bem, tanto melhor!

23

Toda a psicologia se manteve vinculada até hoje a preconceitos e a temores morais; não ousou aventurar-se nas profundezas. Ousar considerar a psicologia como morfologia e como *teoria da evolução da vontade de potência* – assim como a considero – ninguém fez isso ainda, a não ser ter acariciado a ideia: ao menos, bem entendido, o que é permitido ver no que foi escrito até agora um sintoma daquilo que passou sob silêncio. A *potência* dos preconceitos morais penetrou profundamente no mundo mais intelectual, mais frio na aparência, mais desprovido de pressupostos – e, como é natural, ela o prejudicou, o refreou, o cegou, o desviou. Uma verdadeira psicofisiologia deve lutar contra as resistências inconscientes no coração do sábio, ela tem "o coração" contra ela. A doutrina do condicionamento recíproco dos "bons" e dos "maus" instintos já é suficiente, por causa

---

[1] Nem Deus, nem senhor (N. do T.).

da recriminação de imoralidade mais sutil que pode ser dirigida contra ela para pôr na angústia uma consciência forte e corajosa. É pior ainda quando se trata da possibilidade de deduzir todos os bons instintos dos maus. Admitindo, contudo, que alguém chegue a considerar as paixões de ódio, inveja, cobiça e espírito de dominação, como paixões fundamentais à vida, como alguma coisa que deve se encontrar profunda e essencialmente na economia da vida e que, por conseguinte, deve ser reforçada ainda, se se quiser reforçar a vida – sofrerá de semelhante orientação de seu juízo como do enjôo no mar. Ora, essa hipótese não é aproximadamente a mais penosa e a mais estranha nesse domínio imenso e quase inexplorado ainda do perigoso conhecimento: há, com efeito, centenas de boas razões para que aquele que puder se mantenha afastado. Mas se vocês se encontrarem nessas paragens com seu barco, pois bem! cerrem os dentes! firmes no leme! – naveguemos *em linha reta* acima da moral! Talvez precisemos esmagar e varrer o que resta em nós de moral, tentando a passagem – mas que importa para *nós*! Jamais até agora um mundo mais *profundo* se revelou para viajantes intrépidos e aventureiros. E o psicólogo que faz tais "sacrifícios" – não é o *sacrifizio dell'intelletto*[1], ao contrário – terá, pelo menos, o direito de pedir que a psicologia seja novamente proclamada como rainha das ciências, não existindo as outras ciências senão por causa dela, para servi-la e prepará-la. De fato, a psicologia se reconverteu no caminho que conduz aos problemas fundamentais.

---

(1) Sacrifício do intelecto (N. do T.).

SEGUNDA PARTE
O Espírito Livre

24

O sancta simplicitas!⁽¹⁾ Que simplificação, que falso ponto de vista o homem põe em sua vida! Não há como não ficar muito surpreso ao abrir os olhos diante dessa maravilha! Como tornamos tudo claro, livre e fácil em torno de nós! Como soubemos dar a nossos sentidos livre acesso a tudo o que é superficial, a nosso espírito um elã divino para travessuras e paralogismos! Como, desde o início, soubemos conservar nossa ignorância para desfrutar de uma liberdade apenas compreensível, para desfrutar da falta de escrúpulos, da imprevidência, da bravura e da serenidade, para desfrutar da vida! E é unicamente sobre essas bases, desde então sólidas e inabaláveis, da ignorância, que a ciência pôde se edificar até o presente, a vontade de saber nã base de uma vontade muito mais poderosa ainda, a vontade da ignorância, da incerteza, da mentira! Não como seu contrário, mas como seu refinamento. A *linguagem*, aqui como em todos os outros lugares, tem que arrastar consigo toda sua torpeza e continuar falando de suas oposições, quando se trata de matizes e sutis gradações; a hipocrisia da moral, essa hipocrisia incorporada que agora se misturou para sempre com nossa carne e nosso sangue, pode muito bem fazer voltar as palavras à boca, mas só a nós sensatos. Seja como for, nós nos damos conta de vez em quando,

----
(1) Ó santa simplicidade! (N. do T.).

não sem rir, que é precisamente a melhor das ciências que pretende nos reter o melhor neste mundo *simplificado,* absolutamente artificial, neste mundo habilmente imaginado e falsificado que, *nolens volens*[1], essa ciência ama o erro, porque ela também, a vivente, ama a vida.

25

Depois de um preâmbulo tão alegre, gostaria que uma palavra séria fosse ouvida: é dirigida aos homens mais sérios. Sejam prudentes, filósofos e amigos do conhecimento e guardem-se do martírio! Guardem-se do sofrimento "por causa da verdade"! Guardem-se inclusive de sua própria defesa! Isso faz perder à sua consciência toda sua inocência e toda sua neutralidade sutil, isso os faz retesar o pescoço diante das objeções e dos tecidos vermelhos. Isso torna estúpido, besta, touro, quando, na luta com o perigo, a difamação, a suspeita, a expulsão e as consequências, mais grosseiras ainda, da inimizade, os fará terminar por representar o papel ingrato de defensores da verdade sobre a terra – como se a "verdade" fosse uma pessoa tão cândida e tão desastrada que tivesse necessidade de defensores! E que seja precisamente de vocês, senhores cavaleiros da mais triste fisionomia, vocês que se refugiam nos cantos, emboscados nas teias de aranha do espírito! Em resumo, sabem muito bem que pouco importa se são vocês que têm razão e, do mesmo modo que até agora nenhum filósofo teve a última palavra, não ignoram que cada pequeno ponto de interrogação que vocês acrescentam depois de suas palavras preferidas e de suas doutrinas favoritas (e, em última análise, vocês mesmos) poderia encerrar uma veracidade mais digna de louvor que todas as suas atitudes solenes e todas as vantagens que apresentam a seus acusadores e a seus juízes! Afastem-se, que é melhor! Fujam para a solidão! Conservem sua máscara e sua astúcia para que não sejam reconhecidos! Ou para que, pelo menos, sejam temidos um pouco! Não esqueçam o jardim, o jardim com suas grades douradas! Conservem em torno homens que sejam semelhantes a um jardim ou que sejam como música sobre a água quando cai a tarde e que o dia vai se transformando numa lembrança! Escolham a *boa* solidão, a solidão livre, leve e impetuosa, aquela que lhes dá o direito

---
(1) Querendo ou não (N. do T.).

de seguir sendo bons, em qualquer sentido! Como toda longa guerra que não pode ser conduzida abertamente torna pérfido, matreiro e mau! Como todo longo temor torna *pessoal* e também toda longa vigilância sobre o inimigo, o inimigo possível! Todos esses párias da sociedade, por muito tempo acossados e duramente perseguidos – todos esses eremitas por necessidades, que se chamem Spinoza ou Giordano Bruno[1] – terminam todos por se converterem, ainda que seja somente sob uma máscara intelectual e talvez sem sabê-lo, em envenenadores refinados e ávidos de vingança. (Que se vá de uma vez por todas, portanto, ao fundo da ética e da teologia de Spinoza!) – para não dizer nada sobre a tolice na indignação moral que é, num filósofo, o sinal infalível de que o humor filosófico o abandonou. O martírio do filósofo, seu "sacrifício pela verdade", faz vir à luz o que ele escondia de agitador, de comediante no fundo de si próprio. E isso vale para mais de um filósofo; admitindo que tenha sido considerado até então, senão com uma curiosidade artística, pode-se chegar a desejar, o que é perigoso, vê-lo uma vez, contemplá-lo uma vez sob um aspecto degenerado (quero dizer degenerado até o "martírio", até a gritaria da cena e da tribuna). É necessário ainda, na ocasião, perceber *o que* nos é oferecido: é somente uma sátira, uma farsa representada como epílogo, a demonstração contínua que a longa e verdadeira tragédia *terminou:* admitindo que toda filosofia tenha sido em sua origem uma longa tragédia.

26

Todo homem de elite aspira instintivamente à sua torre de marfim, a seu baluarte misterioso, onde está *livre* da massa, do povo, da multidão, onde pode esquecer a regra "homem", sendo ele próprio uma exceção a essa regra – salvo caso particular em que, obedecendo a um instinto mais virulento ainda, vá direto para essa regra, sendo ele mesmo o conhecedor,

---

[1] Baruch Spinoza (1632-1677), nasceu em Amsterdam, filho de comerciantes de origem judia portuguesa. Expulso da comunidade hebraica de Amsterdam, refugiou-se em Haia. Com a publicação de seu *Tratado teológico-político*, granjeou muitos inimigos e foi considerado ateu. Por prudência, deixou de publicar Ética, que só apareceu após sua morte. Giordano Bruno (1548-1600), padre católico, aderiu e defendeu as ideias de Copérnico sobre o universo e o sistema solar. Perseguido, viveu vida errante pela Europa, publicando numerosas obras. De volta à Itália, foi preso, condenado à morte e queimado vivo em Roma (N. do T.).

no sentido grande e excepcional da palavra. Aquele que, na sociedade dos homens, não tenha percorrido todas as cores da miséria, passando a cada turno pela aversão ao desgosto, à compaixão, à tristeza e ao isolamento, esse não é certamente um homem de gosto superior. Mas se por medo não se encarrega voluntariamente desse fardo de desprazer, se tenta evitá-lo sem cessar e permanecer escondido, silencioso e altivo, em sua torre de marfim, uma coisa é certa: não foi feito para o conhecimento, não foi predestinado. De fato, se esse fosse o caso, ele deveria dizer para si mesmo um dia: "Aos diabos meu bom gosto! A regra é mais interessante que a exceção, mais interessante que eu, eu que sou a exceção!" E, ao dizer isso, *desceria* de sua torre para o meio da multidão. O estudo do homem *médio*, o estudo prolongado e minucioso com o disfarce, com a vitória sobre si mesmo, a abnegação e as más companhias requeridas – todas as companhias são más companhias, exceto a de nossos iguais – isso é um capítulo necessário da vida de todo filósofo, talvez a parte mais desagradável, a mais nauseabunda e a mais rica em decepções. Mas se o filósofo tiver sorte como convém a toda criança mimada pelo conhecimento, haverá de encontrar auxiliares que abreviarão e aliviarão sua tarefa, entendo aqueles que são chamados cínicos, aqueles que reconhecem neles simplesmente o animal, a vulgaridade, "a regra" e que, além disso, possuem bastante espírito para serem impelidos por uma espécie de aguilhão a falar *diante de testemunhas* de si mesmos e de seus semelhantes. Por vezes chegam a se revolver em seus livros como em seu próprio monturo. O cinismo é a única forma sob a qual as almas baixas roçam o que se chama sinceridade. E o homem superior dever abrir os ouvidos diante de todos os matizes do cinismo e se considerar feliz toda vez que chegarem a seus ouvidos as palhaçadas sem pudor ou os desvarios científicos do sátiro. Há até mesmo casos em que o encanto se mistura ao desgosto, quando, por um capricho da natureza, o gênio foi entregue a um desses bodes, a um desses macacos indiscretos, como foi o caso desse padre Galiani[1], o homem mais profundo, mais penetrante e talvez também

---

(1) Ferdinando Galiani (1728-1787), padre muito culto, diplomata, deixou obras sobre economia. Ele tinha um macaco de estimação, no qual via a alma de grandes personalidades da ciência e da política do passado. Um dia, Galiani se entretinha intimamente com uma mulher, mas o macaco queria participar. Sendo rejeitado, agarrou o padre pelo pescoço e não o largava mais; os lacaios vieram em socorro da vítima; para evitar a morte de Galiani, mataram o macaco (N. do T.).

o mais tenebroso de seu século – ele era muito mais profundo que Voltaire e, por conseguinte, muito mais silencioso. Entretanto, acontece com mais frequência, como já o indiquei, que o cérebro de um sábio pertence ao corpo de um macaco, que uma inteligência sutil e excepcional seja dividida com uma alma vulgar. Esse caso não é raro entre os médicos e os moralistas fisiólogos. Em toda parte onde alguém fale do homem, sem amargura, mas com uma espécie de candura, como de um ventre dotado de duas espécies de necessidade e de uma cabeça que só tem uma; alguém que não vê, não procura e não *quer* ver que a fome, o instinto sexual e a vaidade, como se esses fossem as molas essenciais e únicas das ações humanas; em resumo, em toda parte onde se fala *mal* do homem – e isso sem querer ser *mau* – o amante do conhecimento deve prestar ouvidos e ficar cuidadosamente atento; seus ouvidos devem estar em toda parte onde se fala sem indignação, pois o homem indignado, aquele que dilacera sua carne com seus próprios dentes (ou, na falta dele próprio, Deus, o universo, a sociedade), esse pode ser colocado mais alto, do ponto de vista moral, que o sátiro que ri e se contenta consigo mesmo; sob todos os outros aspectos, será o caso mais ordinário, mais qualquer e menos instrutivo. Por outro lado, ninguém *mente* mais que o homem indignado.

27

É difícil se fazer compreender, sobretudo quando se pensa e se vive *gangasrotogati*[(1)], no meio de homens que pensam e vivem de outro modo, isto é, *kurmagati*[(2)] ou quando muito *mandeikagati,* "ao passo das rãs" – faço tudo o que posso para ser dificilmente compreendido. Ora, dever-se-ia ser grato do fundo do coração pela simples vontade que se põe para interpretar com alguma sutileza. Mas quanto ao que se refere aos "bons amigos", que sempre gostam demais de seu bem-estar e que, precisamente enquanto amigos, acreditam ter um direito de viver tranqüilos, seria conveniente conceder-lhes desde o início um campo inteiro onde poderiam expor sua falta de compreensão. Dessa maneira, teríamos ao menos do que rir. Ou se poderia também suprimi-los totalmente, esses bons amigos – e

---

(1) Palavra sânscrita que significa "ao passo do Ganges" (N. do T.).
(2) Palavra sânscrita que quer dizer "ao passo de tartaruga" (N. do T.).

rir apesar disso.

28

O que é mais difícil de traduzir de uma língua para outra é o ritmo de seu estilo que está baseado no caráter da raça ou, para falar de modo mais fisiológico, no ritmo médio de seu metabolismo. Há traduções feitas com inteira boa-fé, mas que são quase falsas, pois vulgarizam involuntariamente o original, somente porque o ritmo vivo e alegre do original era intraduzível, esse ritmo que passa e ajuda a passar sobre tudo o que há de perigoso no assunto e na expressão. O alemão é quase incapaz do *presto* em sua língua e também se duvida de certas *nuances* divertidas e audaciosas próprias do espírito livre e independente. De igual modo, que não tem nada de bobo da corte nem de sátiro, assim também Aristófanes e Petrônio são intraduzíveis para ele. Toda a gravidade, o peso, a pompa solene, todas as variedades do estilo enfadonho são desenvolvidas nos alemães em suas variedades infinitas. Que me perdoem afirmar que a prosa do próprio Goethe, com sua mistura de gravidade e de elegância, não faz exceção; é a imagem do "bom tempo antigo", do qual ela fazia parte, e a expressão do gosto alemão, numa época em que ainda existia um "gosto alemão", que era um gosto barroco, *in moribus et artibus*[1]. Lessing representa uma exceção graças à sua natureza de comediante que compreendia muitas coisas e entendia delas, ele que não por acaso foi o tradutor de Bayle e que gostava de se refugiar nas paragens de Diderot e de Voltaire e, com mais gosto ainda, naquelas dos autores cômicos latinos. De fato, Lessing gostava também da "liberdade do espírito" até no ritmo, na fuga para fora da Alemanha. Mas como a língua alemã, ainda que fosse na prosa de um Lessing, poderia imitar o ritmo de um Maquiavel que em seu *Príncipe* nos faz respirar o ar sutil e seco de Florença e que noa pode deixar de apresentar as circunstâncias mais graves num *allegrissimo* desenfreado, talvez não sem um malicioso prazer de artista, ao pensar na contradição que arrisca; de fato, nele há pensamentos distantes, pesados, duros e perigosos, apresentados sob um ritmo de galope, com um bom humor cheio de petulância. Quem, afinal, ousaria dedicar-se a uma tradução alemã de

----

(1) Nos costumes e nas artes (N. do T.).

Petrônio que, mais que qualquer músico até o presente, foi o mestre do *presto,* por suas invenções, pro seus rodeios, por suas expressões! Que importam, finalmente, todos os lodaçais do mundo, todas as maldades e doenças e mesmo o "mundo antigo", quando, como ele, se possui as asas do vento, seu sopro e seu hálito, seu desdém libertador que saneia tudo, que faz tudo *correr*! Quanto a Aristófanes, esse espírito que transfigura e completa, em favor do qual se perdoa ao mundo grego inteiro de ter existido – supondo que se tenha compreendido até o fundo tudo *o que* tem necessidade de perdão, de transfiguração) – não sei de nada que me tenha feito sonhar tanto acerca da natureza misteriosa de esfinge de *Platão,* como esse *pequeno fato,* felizmente conservado: sob a almofada de seu leito de morte não se encontrou nem "Bíblia", nem escrito egípcio, pitagórico ou platônico – mas um exemplar de Aristófanes. Como Platão teria suportado a vida – uma vida grega à qual havia dito *não* – sem um Aristófanes!

29

Ser independente é privilégio de toda minoria – é o privilégio dos fortes. E aquele que trata de ser independente, mesmo com direito justo, mas sem estar *obrigado* a isso, mostra que não é apenas forte mas também audacioso até a temeridade. Ele se aventura num labirinto, multiplica ao infinito os perigos que a vida já traz consigo. E ao menor desses perigos, não é que ninguém veja por seus próprios olhos como se desgarra, para onde se desgarra, dilacerado na solidão por algum minotauro subterrâneo da consciência. Se esse homem perecer, estaria tão longe da compreensão dos homens que estes nem o sentiriam nem o compreenderiam. E não está em seu poder voltar atrás! Não pode tampouco lograr a compaixão dos homens.

30

Nossas perspectivas mais elevadas – e é bem assim! – devem parecer loucuras e por vezes até crimes, quando, de modo ilícito, chegam aos ouvidos daqueles que não são destinados para isso nem predestinados. O exoterismo e o esoterismo – segundo a distinção filosófica em uso entre os hindus, gregos, persas e muçulmanos, isto é, em toda parte onde se acreditava numa hierarquia e não na igualdade e em direitos iguais – esses dois termos não se distinguem, tanto porque o exoterismo, colocado no exterior, vê as coisas de fora, sem vê-las, apreciá-las, medi-las e julgá-las por dentro, mas pelo fato que as vê de baixo para cima – enquanto que o esotérico as vê *de cima para baixo*. Há alturas da alma onde a própria tragédia deixa de parecer trágica; e toda a dor do mundo reunida numa espécie de unidade, quem ousaria, pois, decidir se sua visão haveria de conduzir *necessariamente* à piedade e, com isso, a uma duplicação da dor? O que serve de alimento e de conforto a uma espécie superior de homens deve ter quase o efeito de um veneno para uma espécie muito diferente e de valor inferior. As virtudes do homem comum num filósofo indicariam talvez vícios e fraquezas. Seria possível que um homem de espécie superior, admitindo que degenere e se perca, não chegaria senão por isso a adquirir as qualidades que obrigariam a venerá-lo como um santo desde o momento em que caiu no mundo inferior. Há livros de efeitos contrários para a alma e para a saúde, sempre que a alma inferior, a força vital inferior ou a alma superior e mais poderosa se sirvam deles. No primeiro caso, são livros perigosos, corruptores e dissolventes; no segundo caso, são apelos de arautos que convidam os mais bravos a retornar à *sua* bravura. Os livros de todos são sempre livros malcheirosos: neles fica impregnado o cheiro da gente da plebe. Onde quer que o povo coma e beba, e mesmo onde venera, esses locais cheiram mal. Não se deve ir à igreja quando se quer respirar ar *puro*.

31

Durante os anos da juventude, se venera ou se despreza ainda sem essa arte da nuance que constitui o melhor benefício da vida e, mais tarde, é natural que se pague muito caro por ter assim julgado coisas e pessoas por um sim e por um não. Tudo é disposto de forma que o pior gosto, o gosto do absoluto, seja cruelmente burlado e profanado até que o homem aprenda a colocar um pouco de arte em seus sentimentos e que, em suas tentativas, dê preferência ao artificial, como fazem todos os verdadeiros artistas da vida. A inclinação à cólera e o instinto de veneração, que são próprios da juventude, não parecem repousar até que tenha desfigurado homens e coisas, para poder assim se desafogar. A juventude em si já é alguma coisa que engana e que falsifica. Mais tarde, quando a alma jovem, torturada por mil desilusões, se encontra finalmente cheia de suspeitas contra si mesma, ainda ardente e selvagem, mesmo em suas suspeitas e seus remorsos, como haverá de entrar em cólera contra si mesma, como haverá de se dilacerar com impaciência, como haverá de se vingar de sua longa cegueira, que se poderia julgar voluntária, tanto se enfurece contra ela! Nesse período de transição, o homem se pune a si mesmo, por desconfiança de seus próprios sentimentos; martiriza seu entusiasmo pela dúvida, a boa consciência já aparece como um perigo, a ponto que se poderia acreditar que o *eu* está irritado com isso e que uma sinceridade mais sutil se cansa com isso; e sobretudo, toma partido, por princípio, *contra* a "juventude". – Dez anos mais tarde se dá conta que isso também não foi senão – juventude!

32

Durante o mais longo período da história humana – chama-se pré-história – julgava-se o valor e o não-valor de um ato segundo suas consequências. O ato por si próprio importava extremamente pouco em relação a suas origens. Ocorria mais ou menos o que ocorre ainda hoje na China, onde a honra ou a vergonha dos filhos remontam aos pais. De igual modo, o efeito retroativo do sucesso ou do insucesso impelia os homens a pensar bem ou mal de uma ação. Chamemos esse período o período *pré-moral* da humanidade. O imperativo "conhece-te a ti mesmo" era então ainda desconhecido. Mas, durante os últimos dez mil anos, chegou-se pouco a pouco, em grandes regiões do globo, a não considerar mais as consequências de um ato como decisivas do ponto de visto, do valor desse ato, mas somente sua origem. Em seu conjunto, é um acontecimento considerável que conduziu a um grande refinamento do juízo e da medida, efeito inconsciente do reino dos valores aristocráticos e da crença na "origem", sinal de um período que pode ser denominado, no sentido mais estrito, o período *moral*: assim se efetua a primeira tentativa para chegar ao conhecimento de si mesmo. Em lugar das consequências, a origem. Que inversão de perspectiva! Certamente, inversão obtida somente depois de longas lutas e prolongadas hesitações! É verdade que, com isso, uma nova superstição nefasta, uma singular estreiteza de interpretação se puseram a dominar. De fato, a origem de um ato foi interpretada no sentido mais estrito, como derivando de uma *intenção* e se esteve de acordo em acreditar que o valor de um ato reside no valor da intenção. A intenção seria por si só a origem, toda a história de uma ação. É sob o império desse preconceito que se começou a elogiar e a recriminar, a julgar e também filosofar, do ponto de vista moral, praticamente até nossos dias. – Não teríamos chegado hoje à necessidade de nos esclarecer uma vez mais a respeito da inversão e do deslocamento geral dos valores, graças a um novo retorno sobre si mesmo, a um novo aprofundamento do homem? Não estaríamos à soleira de um período que se deveria denominar, num primeiro tempo, negativamente período *extramoral*? Por isso mesmo, nós, imoralistas, suspeitamos hoje que é precisamente o que há de *não-intencional* num ato que lhe empresta um valor decisivo e que tudo o que nele parece premeditado, tudo o que se pode ver, saber, tudo o que vem à "consciência", faz parte ainda de sua superfície, de sua "pele" que, como toda pele, *oculta* muito mais coisas do que revela. Em resumo, cremos que a intenção nada mais é que um sinal e um sintoma que tem necessidade de interpretação e que esse sinal possui sentidos muito diferentes para significar alguma coisa por si. Acreditamos ainda que a moral, tal como foi entendida até hoje, no sentido de moral da intenção, foi um preconceito, uma coisa precipitada e provisória talvez, para ser incluída na categoria da astrologia e da alquimia, em todo caso alguma coisa que deve ser superada. Ultrapassar a moral, num certo sentido até mesmo a auto-superação da moral, isso seria a longa e misteriosa tarefa reservada às consciências mais delicadas e mais leais, mas também às mais malignas que subsistem hoje, como pedras de toque vivas da alma.

33

Nada a fazer! É necessário pedir impiedosamente razão a todos os sentimentos de abnegação e de sacrifício pelo próximo, dar queixa na justiça de toda moral de abnegação, da mesma maneira que se faz com a estética da "visão desinteressada", sob cujos auspícios a efeminação da arte procura hoje criar para si, de maneira insidiosa, uma boa consciência. Há demasiada sedução e suavidade nesse sentimento que pretende se afirmar "para outrem" e "*não* para mim"; por isso é necessário desconfiar duplamente e perguntar-se se isso não é simplesmente *seduções*. – Que elas agradem àquele que as possui e usufrui de seus frutos e também ao simples espectador – não é um argumento a *seu favor;* isso convida, pelo contrário, à desconfiança. Sejamos, pois, prudentes.

34

Seja qual for o ponto de vista filosófico em que nos coloquemos hoje, em toda parte o *caráter errôneo* do mundo no qual acreditamos viver nos aparece como a coisa mais certa e a mais sólida que nossa visão possa captar: – encontramos uma razão após outra que pretenderiam nos induzir a suposições a respeito do princípio enganador, escondido na "essência das coisas". Mas todo aquele que responsabiliza pela falsidade do mundo nosso modo de pensar, isto é, "o espírito" – saída honrosa, seguida por todo *"advocatus dei"* (1), consciente ou inconsciente – todo aquele que considerar este mundo, bem como o espaço, o tempo, a forma, o movimento, como falsamente *inferidos*, esse terá pelo menos boas razões para aprender a desconfiar, no final das contas, do próprio pensamento. O pensamento não nos teria pregado a pior peça até o presente? E que garantia teríamos em acreditar que ele não continuaria a fazer o que sempre fez? Seriamente, a inocência dos pensadores tem alguma coisa de tocante que inspira respeito. Essa inocência permite aos pensadores de se dirigir ainda, frente à consciência, para lhe pedir uma resposta leal, para lhe pedir, por exemplo, se é "real", porque se livra em suma tão resolutamente do mundo exterior e outras perguntas de mesma natureza. A crença em "certezas imediatas" é uma ingenuidade *moral* que nos honra, a nós filósofos. Mas, uma vez por todas, é interdito a nós sermos homens "*exclusivamente* morais"! Abstração feita da moral, essa crença é uma imbecilidade que pouco nos honra! Na vida civil, a desconfiança sempre à espreita pode ser a prova de um "mau caráter" e passar desde então por imprudência, mas quando estamos entre nós, além do mundo burguês e de suas apreciações, o que é que nos deveria impedir ser imprudentes e dizer: o filósofo adquiriu o *direito* do "mau caráter", porque tem sido até o presente o mais enganado da terra? Hoje tem o *dever* de desconfiar, de olhar sempre de soslaio, como se visse abismos de suspeitas. – Perdoem-me essa saída de espírito macabro, pois eu mesmo aprendi, há muito tempo, a pensar de outra forma, a ter uma avaliação diferente sobre o fato de enganar alguém e de ser enganado, e guardo como reserva algumas boas invectivas contra a cólera cega dos filósofos que se defendem por serem enganados. E por que não? Não passa de um preconceito moral acreditar que a verdade é melhor que a aparência. É inclusive a suposição mais infundada que possa existir no mundo. Deve-se confessar realmente que a vida não seria possível se não tivesse por base apreciações e ilusões de perspectiva. Se, com o virtuoso entusiasmo e a estupidez de certos filósofos, se quisesse suprimir totalmente o "mundo das aparências" – admitindo até que isso pudesse ser feito – há uma coisa da qual não ficaria mais nada: é a "verdade". De fato, por que seríamos forçados a admitir que existe uma suposição de natureza entre o "verdadeiro" e o "falso"? Não basta admitir graus de aparência, sombras mais claras e mais escuras de algum modo, tons de conjunto na ficção – *valores* diferentes para usar a linguagem dos pintores. Por que o mundo *em que vivemos* não seria uma ficção? E se alguém nos dissesse: "Mas a ficção necessita de um autor" – não poderíamos "por quê"? De fato, "necessitar" não constitui também uma parte da ficção? Não se pode permitir um pouco de ironia com o sujeito, como é permitida com o predicado e com o objeto? A filosofia não teria o direito de se levantar contra a fé na gramática? Respeitamos muito os governantes, mas não seria a hora da filosofia abjurar da fé nos governantes?

35

Ó Voltaire! Ó humanidade! Ó estupidez! A "verdade", a *busca* da verdade são coisas delicadas; se o homem se empenha nisso de um modo humano, demasiado humano – "*não procura a verdade senão para fazer o fazer o bem*" – aposto que nada haverá de encontrar.

36

Admitindo que nada de "real" seja dado, a não ser nosso mundo dos desejos e das paixões que haurimos de outra "realidade" que não aquela de nossos instintos – pois pensar não é senão uma relação desses instintos entre eles – não seria permitido perguntar se aquilo que é "dado" não *bastaria* para tornar inteligível, a partir daquilo que nos é semelhante, o assim dito universo mecânico (ou "material")? Não quero dizer com isso que é necessário entender o universo como uma ilusão, uma "aparência", uma "representação" (no sentido de Berkeley ou de Schopenhauer), mas como tendo uma realidade da mesma ordem que aquela de nossos afetos, como uma forma mais primitiva do mundo das paixões, onde tudo o que, mais tarde, no processo orgânico, for separado e diferenciado (e também, como é natural, amenizado e enfraquecido) está ainda ligado por uma poderosa unidade, semelhante a uma forma de vida instintiva, na qual o conjunto das funções orgânicas, auto-regulação, assimilação, nutrição, secreção, circulação – está sistematicamente ligado, como uma *forma preliminar* da vida. No final das contas, é não só permitido empreender essa tentativa, como também o impõe a consciência do *método*. Não admitir vários tipos de causalidade até que se tenha levado ao limite extremo o esforço para conseguir com um só (até o absurdo, seja dito com permissão), essa é uma moral do método a que não devemos nos subtrair hoje. É uma consequência "por definição", como diriam os matemáticos. A questão é finalmente saber se reconhecemos a vontade como *eficiente,* se acreditamos na casualidade da vontade. Se for assim – e no fundo essa crença é a crença na própria causalidade – devemos tentar considerar hipoteticamente a causalidade da vontade como a única. A "vontade" não pode naturalmente agir senão sobre a "vontade" e não sobre a "matéria" (sobre os "nervos", por exemplo); em resumo, deve-se arriscar a hipótese de que em toda parte onde se constatam "efeitos", é a vontade que age sobre a vontade e também que todo processo mecânico, na medida em que é alimentado por uma força eficiente, não é outra coisa senão a força de vontade, o efeito da vontade. – Admitindo, finalmente, que seja possível estabelecer que nossa vida instintiva inteira não é senão o desenvolvimento e a diferenciação de uma só forma fundamental da vontade – quero dizer, conforme minha *tese*, da vontade de potência – admitindo que seja possível conduzir todas as funções orgânicas a essa vontade de potência, nela encontrar também a solução do problema da fecundação e da nutrição – é um só e mesmo problema – teríamos assim adquirido o direito de designar *toda* força eficiente com o nome *vontade de potência*. O universo visto por dentro, o universo definitivo e determinado por seu "caráter inteligível" não seria outra coisa senão a "vontade de potência".

37

"Como? Isso não quer dizer, no sentido popular, que Deus é refutado, que o demônio não existe?" Muito pelo contrário, ao contrário, meus amigos! De resto, que diabo obriga a falar de uma forma popular?

38

Como foi visto finalmente com toda a clareza nos tempos modernos com a Revolução Francesa, essa horrível farsa supérflua, se for julgada de perto, na qual entretanto nobres e entusiastas espectadores espalhados por toda a Europa acreditaram ver de longe a realização de seu longo sonho apaixonado, sonho de revolta e de entusiasmo, até que o texto desapareceu sob a interpretação: assim também poderia ocorrer que uma nobre posteridade interpretasse mal uma vez mais todo o passado e que tornasse assim suportável o aspecto deste – ou melhor, isso já não aconteceu? Não somos nós mesmos essa "nobre posteridade"? E, desde o momento em que percebemos isso, não estamos no fim agora?

39

Ninguém haveria de admitir facilmente a verdade de uma doutrina simplesmente porque essa doutrina torna feliz ou virtuoso, exceção feita talvez dos amáveis "idealistas" que exaltam o verdadeiro, o belo e o bom e que elevam em seus pântanos, onde nadam numa desordem disfarçada todas as espécies de coisas desejáveis, pesadas e inofensivas. A felicidade e a virtude não são argumentos. Entretanto, se esquece de boa vontade, mesmo da parte de espíritos reflexivos, que tornar infeliz, tornar mau, são igualmente inúteis contra-argumentos. Uma coisa poderia ser verdadeira, embora fosse prejudicial e perigosa no mais alto grau. Perecer pelo conhecimento absoluto poderia até mesmo fazer parte do fundamento do ser, de modo que seria necessário medir a força de um espírito segundo a dose de "verdade" que seria capaz de suportar, mais precisamente, segundo o grau pelo qual seria necessário diluir para ele a verdade, velá-la, adoçá-la, aumentá-la, falseá-la. Mas a dúvida não é possível na descoberta de certas *partes* da verdade, os maus e os infelizes são mais favorecidos e têm mais chances de ter êxito. Para não dizer nada aqui dos maus felizes – uma espécie que os moralistas passam sob silêncio. Talvez a dureza e a astúcia fornecem condições mais favoráveis para a eclosão dos espíritos robustos e dos filósofos independentes que essa bonomia cheia de doçura e de delicadeza, essa arte de despreocupação que se aprecia a justo título nos sábios. Com essa reserva, no entanto, que não se limita a concepção do "filósofo" ao filósofo que escreve livros ou que faz livros com sua filosofia. – Stendhal acrescenta um último traço ao esboço do filósofo de pensamento livre, traço que, para edificação do gosto alemão, não quero deixar de sublinhar aqui. *"Para ser bom filósofo, diz o último dos grandes psicólogos, é preciso ser seco, claro, sem ilusão. Um banqueiro que fez fortuna tem uma parte do caráter requerido para fazer descobertas em filosofia, isto é, para ver claro no que é."*

40

Tudo o que é profundo gosta de máscara. As coisas mais profundas têm inclusive certo ódio com relação a imagens e símbolos. O *contrário* não seria o melhor disfarce que haveria de revestir o pudor de um deus? Essa é uma questão digna de ser posta. Seria estranho que algum místico não tivesse experimentado nele algo de semelhante. Há fenômenos de caráter tão delicado que se faz bem enterrá-los sob uma rusticidade para torná-los irreconhecíveis. Há ações inspiradas pelo amor e uma generosidade sem limites que é preciso esquecer, batendo a golpes de vara aquele que foi testemunha delas: maneira de turvar sua memória. Alguns se dedicam a perturbar sua própria memória, a martirizá-la, pelo menos para vingar-se dessa única testemunha. O pudor é engenhoso. Não são as coisas piores que nos causam maior vergonha. Uma máscara esconde muitas vezes outra coisa do que a perfídia. Há tanta bondade na astúcia! Imagino sem dificuldade um homem que, obrigado a esconder algo de precioso e de delicado, rola pela vida, grosso e redondo, como um barril de vinho solidamente fixado em seus aros. Seu pudor sutil exige que ele seja assim. Para um homem dotado de um pudor profundo, os destinos e as crises delicadas escolhem caminhos por onde quase ninguém passou, estradas que até mesmo seus mais íntimos confidentes devem ignorar. Esconde-se deles quando sua vida está em perigo e também quando reconquistou sua segurança. Semelhante homem escondido que, por instinto, tem necessidade da palavra para se calar e para dissimular, inesgotável nos meios de velar seu pensamento, *quer* que seja uma máscara que encha, em seu lugar, o coração e o espírito de seus amigos e se empenha em encorajar essa miragem. Admitindo, portanto, que ele queira ser sincero, perceberá um dia que, apesar de tudo, não é senão uma máscara o que se conhece dele – e que é bom que assim seja. Todo espírito profundo necessita de uma máscara. Diria ainda mais: em torno de todo espírito profundo, cresce e se desenvolve sem cessar uma máscara, graças à interpretação sempre falsa, isto é, *superficial,* de cada uma de suas palavras, de cada uma de suas atitudes, do menor sinal de vida que der.

41

Se nascemos para a independência e o mando, é necessário prová-lo a nós mesmos e é preciso fazê-lo em momento oportuno. Não devemos querer evitar essa prova, embora possa representar o jogo mais perigoso que tenhamos de jogar e que se trate finalmente de provas das quais somos as únicas testemunhas e das quais ninguém mais é juiz. Não se apegar a nenhuma pessoa, fosse ela a mais cara – toda pessoa é uma prisão e também um esconderijo. Não ficar ligado a uma pátria, ainda que seja a mais sofrida e a mais fraca – é menos difícil desligar o próprio coração de uma pátria vitoriosa. Não se deixar prender por um sentimento de compaixão, ainda que seja em favor de homens superiores, cujo martírio e isolamento o acaso nos teria levado a penetrar. Não se apegar a uma ciência, ainda que nos aparecesse sob o aspecto mais sedutor, com descobertas preciosas que parecessem reservadas para nós. Não se prender a seu próprio desapego, a esse afastamento voluptuoso do pássaro que foge para os ares, levado por seu vôo, para ver sempre mais coisas acima dele – é o perigo daquilo que plana. Não permanecer ligado a nossas próprias virtudes e ser vítima, em nosso conjunto, de uma de nossas qualidades particulares, por exemplo, de nossa "hospitalidade"; esse é o perigo nas almas nobres e ricas que se dissipam prodigamente e quase com indiferença e impelem até o vício a virtude da liberalidade. É necessário saber *se conservar*. É a melhor prova de independência.

42

Surge uma nova raça de filósofos. Ouso batizá-la com um nome que não deixa de ser perigoso. Como os adivinho e como eles se deixam adivinhar – pois está na natureza deles *querer* ficar um pouco como enigmas – esses filósofos do futuro gostariam de ter, justamente e talvez também injustamente – um direito de ser chamados *tentadores*. Conferir esse qualificativo não é talvez, afinal de contas, senão uma tentativa, ou se quiserem, uma tentação.

43

Serão novos amigos da "verdade" esses filósofos do futuro? Sem dúvida, pois todos os filósofos amaram, até o presente, suas verdades. Mas não serão certamente dogmáticos. Seria contrário a seu orgulho e iria contra também seu gosto se a verdade devesse ser uma verdade para todos, o que foi até hoje o desejo secreto e a segunda intenção de todas as aspirações dogmáticas. "Minha opinião é minha opinião para *mim*: não me parece que outro deva ter facilmente direito a isso" – assim talvez haverá de se exprimir um desses filósofos do futuro. É necessário guardar-se do mau gosto de ter ideias comuns com muita gente. "Bem" não é mais bem, desde que o vizinho o tenha na boca. E como poderia haver um "bem comum"? A palavra se contradiz a si mesma. O que pode ser comum é sempre coisa de pouco valor. Finalmente, é preciso que seja como sempre foi: as grandes coisas são reservadas aos grandes, as profundas aos profundos, as delicadezas e os calafrios às almas sublimes, numa palavra, tudo o que é raro aos seres raros.

44

Depois de tudo isso, tenho necessidade ainda de dizer que também são espíritos livres, espíritos *muito* livres, esses filósofos do futuro, embora seja certo que não serão somente espíritos livres, mas alguma coisa mais, alguma coisa de superior e de maior, alguma coisa de fundamentalmente diferente, que não quer ser nem desconhecido nem confundido? Mas, ao dizer isso, sinto para com eles o mesmo que sinto para conosco mesmos, que somos os arautos e os precursores, nós, espíritos livres! – Sinto o dever de afastar de nós a *culpabilidade*, um velho e estúpido preconceito, um antigo equívoco que, há muito tempo, obscureceu como uma névoa o conceito de "espírito livre", tirando sua limpidez. Em todos os países da Europa, e também na América, há gente que agora abusa dessa palavra. É uma espécie de espíritos muito estreitos, aprisionados e acorrentados, que aspiram mais ou menos ao contrário daquilo que responde a nossas intenções e a nossos instintos – sem contar que o advento desses *novos* filósofos os torna janelas fechadas e portas trancadas. Para dizê-lo sem meias palavras, fazem parte maravilhosamente dos *niveladores,* esses "espíritos" falsamente denominados "livres" – pois são os escravos eloquentes, os escriturários do gosto democrático e das "ideias modernas", próprias a esse gosto. Todos os homens sem solidão, sem uma solidão que lhes seja própria, são bravos rapazes a quem não se pode negar coragem nem costumes honrados, a não ser que são sem liberdade e ridiculamente superficiais, sobretudo com essa tendência que lhes faz ver, mais ou menos, nas formas da velha sociedade, a causa de *todas* as misérias humanas e de todos os dissabores: por esse meio a verdade acaba por ser enfiada em sua cabeça! A isso tendem com todas as suas forças, é a felicidade do rebanho na pastagem, com a segurança, o bem-estar e o conforto da existência para todos. As duas cantilenas que repetem até o cansaço são "igualdade dos direitos" e "compaixão para tudo o que sofre"; consideram o próprio sofrimento como alguma coisa que deve ser *abolida*. Nós que vemos as coisas sob outro perfil, nós que aguçamos nossa vista e nosso espírito na questão de saber onde e como a planta "homem" se desenvolveu mais vigorosamente até aqui, cremos que foram necessárias, para isso, condições totalmente contrárias, acreditamos que, no homem, o perigo da situação teve de crescer até o extremo, o gênio da invenção e da dissimulação (o "espírito"), sob uma pressão e uma opressão prolongadas, tiveram de se desenvolver em ousadia e sutileza, a vontade de viver teve de se elevar até a absoluta vontade de potência. Pensamos que a dureza, a violência, a escravidão, o perigo na alma e na rua, que a dissimulação, o estoicismo, os artifícios e as diabruras de toda espécie, que tudo o que é mau, terrível, tirânico, tudo o que no homem puxa para o animal predador e réptil, serve de igual modo e tão bem para a elevação do tipo homem como seu contrário. E, ao dizer somente isso, não dizemos o bastante, pois, tanto por nossas palavras como por nosso silêncio nesse aspecto, nos encontramos na *outra* extremidade de qualquer ideologia moderna, de todos os desejos do rebanho, nos encontramos como antípodas. E que há de surpreendente se nós, "espíritos livres", não somos precisamente os espíritos mais comunicativos? Se nós não desejamos revelar, sob todos os aspectos, de que um espírito pode se libertar e *para que* será talvez em seguida impelido. Quanto à perigosa fórmula "além do bem e do mal", ela nos preserva ao menos de um quiproquó, pois somos coisa bem diferente de "*livres pensadores*", "*liberi pensatori*", "*Freidenker*" e quaisquer outros nomes que gostem de se atribuir esses bravos sectários da "ideia moderna". Familiares em muitas províncias do espírito, das quais temos sido, pelo menos, hóspedes, fugindo sempre dos redutos obscuros e agradáveis, onde as preferências e os preconceitos, a juventude, nossa origem, o acaso dos homens e dos livros, ou mesmo a fadiga das peregrinações pareciam nos reter, cheios de malícia frente às seduções da dependência que se escondem nas honrarias, no dinheiro, nas funções públicas ou na exaltação dos sentidos; reconhecidos até mesmo com relação à infelicidade e às vicissitudes da doença, pois sempre nos livram de uma regra e de um "preconceito" dessa regra; gratos para com Deus, para com o diabo, para com a ovelha e o inseto que se ocultam em nós; curiosos até o vício, procurando até a crueldade com dedos audaciosos pelo insaciável, com dentes e um estômago por aquilo que há de mais indigesto, prontos a não importa qual profissão que requeira sagacidade e sentidos aguçados; prontos a qualquer aventura, graças a um excesso de "livre-arbítrio"; possuindo almas anteriores e posteriores das quais ninguém penetra suas últimas intenções, seus primeiros planos, suas segundas intenções que ninguém ousaria percorrer, escondidos sob o manto da luz, nós somos conquistadores, muito parecidos com herdeiros e dissipadores; classificadores e colecionadores da manhã à noite, avaros de nossas riquezas e de nossas gavetas cheias, economizadores em aprender e esquecer, inventivos nos sistemas, algumas vezes orgulhosos das tabelas de categorias, por vezes pedantes, por vezes corujas noturnas de trabalho, mesmo em pleno dia; por vezes espantalhos também, quando for preciso – e hoje o é; quero dizer que, enquanto formos amigos da *solidão*, amigos inatos, jurados e ciumentos de nossa própria solidão profunda do meio-dia e da meia-noite. Aí está a espécie de homens que somos, nós, espíritos livres! E talvez vocês o sejam também, vocês que haverão de chegar no futuro, vocês os *novos* filósofos?

TERCEIRA PARTE
O Caráter Religioso

45

A alma humana e seus limites, a esfera de experiências percorrida até o presente pela alma humana, os cumes, as profundezas e a extensão dessas experiências, toda a história da alma *até nossos dias*, suas possibilidades não realizadas ainda, tudo isso é o distrito de caça reservado para o psicólogo nato, para o amigo das "grandes caçadas". Mas quantas vezes ele se dirá com desespero: "Estou só, ai de mim! Totalmente só e a floresta é tão vasta, tão pouco explorada!" Então passa a desejar uma centena de companheiros de caça e bons cães de caça que poderia mandar nas pistas da alma humana para encurralar *sua* presa. Entretanto, seus apelos são vãos, descobre todos os dias sempre mais, com uma amarga decepção, como é difícil encontrar, para todas as coisas que justamente excitam sua curiosidade, ajudantes e cães. O inconveniente de mandar sábios a domínios novos e perigosos, onde, sob todos os aspectos, a coragem, a sagacidade e a fineza são necessárias, é de que esses sábios se tornam inúteis, quando começa a "grande caçada",

---
(1) Homens religiosos (N. do T.).

o grande perigo, pois é então que perdem seu faro e seu olhar perspicaz. Para adivinhar, por exemplo, e estabelecer qual foi a história do problema da *ciência e da consciência* na alma dos *homines religiosi*[1], seria preciso talvez ser si mesmo tão profundo, tão vulnerável, tão desmesurado, quanto foi a consciência intelectual de um *Pascal*. Seria preciso ainda, além disso, esse horizonte amplo de uma espiritualidade que seria capaz de ver alto, de abranger e de reproduzir em fórmulas esse caos de experiências perigosas e dolorosas. – Mas quem me prestaria esse serviço! Como recrutar tais auxiliares? Esses são evidentemente muito raros e é inverossímil que possam ser encontrados em todos os tempos! No final das contas, é preciso fazer tudo *por si mesmo* para aprender alguma coisa, o que é muito! – Mas uma curiosidade do tipo da minha se torna o mais agradável dos vícios. Perdão, queria dizer que o amor da verdade tem sua recompensa no céu, mas também já na terra.

46

A fé, tal como a exigia o cristianismo primitivo, tal como foi muitas vezes alcançada, no meio de um mundo cético de espíritos livres e mediterrâneos que tinham atrás de si uma luta secular entre escolas filosóficas, sem esquecer a educação de tolerância ministrada pelo império romano – essa fé é totalmente diferente da crença de fiel submisso, ingênua e rabugenta, pela qual um Lutero, um Cromwell ou qualquer outro bárbaro do norte se apegaram a seu Deus e a seu cristianismo. Encontra-se muito mais na fé de Pascal que se assemelha de modo espantoso a um contínuo suicídio da razão. Essa é uma razão tenaz e obstinada, como um verme roedor, e não haveria como matá-lo por um só golpe. A fé cristã é, desde seus primórdios, sacrifício: sacrifício de toda independência, de toda altivez, de toda liberdade de espírito, ao mesmo tempo escravidão, auto-humilhação, automutilação. Há crueldade e fenicismo religioso nessa crença, imposta a uma consciência tenra, complicada e muito delicada: ela supõe a submissão do espírito que *faz* infinitamente *mal*, que todo o passado e os hábitos de semelhante espírito se revoltam contra o *"absurdissimum"* que representa, para ele, semelhante "fé". Os homens modernos, com sua indiferença por toda nomenclatura cristã, não se ressentem mais do que havia de terrível e de superlativo para o gosto antigo no paradoxo da fórmula: "Deus na cruz". Jamais e em parte alguma houve semelhante audácia na inversão das ideias, algo de tão terrível, de tão angustiante e de tão problemático como essa fórmula: prometia uma transmutação de todos os valores antigos. – É o oriente, o oriente *profundo*, o escravo oriental que assim se vingava de Roma, de sua nobre e frívola tolerância, desse "catolicismo" romano da crença. E não foi sempre a fé, mas a independência em relação à fé, essa indiferença sorridente e semi-estoica defronte da seriedade da lei nos senhores que revoltou os escravos! As "Luzes" revoltam, pois o escravo quer alguma coisa de absoluto, só compreende o que é tirânico, mesmo na moral. Ele ama como odeia, sem gradações, profundamente, até a dor, até a doença. Seu longo sofrimento *dissimulado* se revolta contra o bom gosto que parece negar o sofrimento. O ceticismo em relação ao sofrimento não é no fundo senão uma atitude da moral aristocrática. Não é a causa menor da derradeira grande revolta que começou com a Revolução Francesa.

47

Em toda parte onde se manifestou até o presente na terra a neurose religiosa, nós a encontramos vinculada a três perigosas prescrições do regime: a solidão, o jejum e a castidade – sem que se possa estabelecer com certeza qual é a causa, qual o efeito, e se há nisso relação de causa e efeito. Pode-se manifestar uma última dúvida, se se considerar que, tanto nos povos selvagens como nos povos civilizados, a volúpia mais repentina e mais exuberante também faz parte dos sintomas mais frequentes dessa neurose, uma volúpia que se transforma em seguida de modo igualmente rápido em crises de penitência, negação do mundo e aniquilamento da vontade. Não poderiam ser interpretadas uma e outra tendência como epilepsia mascarada? Mas em nenhum local se deveria mais abster-se das interpretações. Em nenhum local, como em torno do tipo religioso, se desenvolveu tanta insensatez e tanta superstição, nenhum parece ter interessado mais, até o presente, os homens e até mesmo os filósofos. Já é tempo realmente de considerar um pouco mais friamente esse assunto, de aprender a circunspecção, melhor ainda de desviar os olhos, de *ir embora*. – Mesmo no último plano da recém-chegada entre as filosofias, a filosofia de Schopenhauer, se manifesta quase como problema por excelência, essa espantosa questão da crise e do despertar religioso. Como é possível a negação da vontade? Como é *possível* o homem santo? – Parece verdadeiramente que são essas questões que fizeram de Schopenhauer um filósofo e que o impeliram a debutar na filosofia. E foi uma boa consequência de Schopenhauer que seu discípulo mais convicto (talvez também o último, no que diz respeito à Alemanha), refiro-me a Richard Wagner que coroou a obra da própria vida e acabou por colocar em cena esse tipo horrível e imortal de *Kundry, tipo vivido,* em carne e osso. Na mesma época, os médicos psiquiatras de quase todos os países da Europa tinham um pretexto para estudar de perto, em toda parte onde a neurose religiosa – chamo-a de "mania" religiosa – sob o nome de "Exército da Salvação", tinha produzido sua última erupção epidêmica. – Se for perguntado o que pôde ter parecido tão extraordinariamente interessante no conjunto desse fenômeno que aparece, sob o designativo de santo, aos homens de todas as classes e de todos os tempos, inclusive aos filósofos, pode-se responder que é, sem nenhuma dúvida, a aparência de milagre que esse fenômeno toma, isto é, a *sucessão* imediata de *contrários*, de estados de alma que possuem aspectos morais contradiórios. Acreditava-se captar aqui da maneira mais viva a transformação de um "mau sujeito" que se tornava de repente um "santo", um homem bom. Até o presente, a psicologia falhou nesse aspecto. Não seria especialmente porque se colocou sob o domínio da moral, porque acreditava nas oposições morais dos valores, porque introduzia no texto e nos fatos essa oposição, para nela procurar uma interpretação? – Como? O "milagre" não passaria de um erro de interpretação? Uma falha de filologia?

48

O catolicismo parece pertencer de uma forma muito mais íntima às raças latinas mais que todo nosso cristianismo nos pertence a nós, homens do norte. Por conseguinte, a incredulidade significaria uma coisa totalmente diferente nos países católicos do que poderia significar nos países protestantes – seria uma espécie de revolta contra o espírito da raça, enquanto que para nós seria antes um retorno ao espírito da raça (ou à falta de espírito). Nós, homens do norte, somos certamente oriundos das raças bárbaras, mesmo no que se relaciona a nosso espírito religioso. Somos *mal* dotados para a religião. Podem ser excetuados os celtas que, por essa razão, forneceram o melhor terreno para a propagação do cristianismo no norte. Na França, o ideal cristão se expandiu tanto quanto o permitia o pálido sol do norte. Como nos parecem singularmente piedosos para nosso gosto esses céticos da França contemporânea, por mais que tenham sangue celta em suas origens! Como a sociologia de Augusto Comte tem um odor católico, com sua lógica bem romana dos instintos. Como é jesuíta, esse amável e sagaz cicerone de Port Royal, Sainte-Beuve, apesar de toda a hostilidade que mostra contra os jesuítas! E se pensarmos em Ernest Renan! Como essa língua de Renan nos parece inacessível a nós homens do norte, essa língua em que, a todo instante, um nada de tensão religiosa encontra o equilíbrio de uma alma sutilmente voluptuosa e amante de todos os prazeres! Repitam com ele essas belas frases, como eco de maldade e de insolência e despertarão em nossa alma certamente menos bela e mais rude, em nossa alma alemã: "Dizemos, portanto, com ousadia que a religião é um produto do homem normal, que o homem é mais verdadeiro quando é mais religioso e mais seguro de um destino infinito... Quando é bom é que quer que a virtude corresponda a uma ordem eterna, é quando contempla as coisas de uma forma desinteressada que acha a morte revoltante e absurda. Como não supor que é nesses momentos que o homem vê melhor?" – Essas frases são tão contrárias aos hábitos de meu pensamento, parece-me de tal modo ouvir pronunciá-las pelos *antípodas* de mim mesmo que, a primeira vez que caíram sob meus olhos, meu primeiro movimento de cólera me levou a escrever na margem: "*la niaiserie religieuse par excellence!*"[1]. – Mas enfim, meu último movimento de cólera acabou por me levar a amar essas frases, com sua verdade posta sobre a cabeça! É tão refinado e de tal distinção ter os próprios antípodas!

49

------

(1) A estupidez religiosa por excelência (N. do T.).

O que causa espanto na religiosidade dos antigos gregos é a abundância desenfreada de gratidão que ela exala. Que nobre espécie de homens que tem semelhante atitude perante a vida! – Mais tarde, quando a plebe predominou na Grécia, o *temor* invadiu também a religião, o cristianismo apontava...

50

A paixão por Deus: há aquela brutal, aquela sincera e inoportuna, como aquela de Lutero – ao protestantismo inteiro faz falta a "delicadeza" do sul. Há uma forma oriental de estar fora da retidão, como é o caso do escravo liberto ou emancipado sem mérito, por exemplo em Santo Agostinho, no qual a falta de nobreza nas atitudes e nos desejos chega a ser até ofensivo. Há uma ternura e um ardor totalmente femininos que, cheios de timidez e de ignorância, aspiram a uma *unio mystica et physica*[1], como na senhora Guyon. Em numerosos casos, essa paixão aparece, de forma bastante singular, como o disfarce da puberdade na jovem ou na adolescente, por vezes mesmo como a histeria de uma senhora idosa e também, como sua última ambição. Mais de uma vez, em semelhantes casos, a Igreja canonizou a mulher.

51

Até o presente, os homens mais poderosos se inclinaram diante do santo, considerando-o como o enigma do império sobre si mesmo e da privação voluntária. Por que se inclinaram? Pressentiam nele – de alguma maneira atrás do enigma de sua aparência frágil e miserável – a força superior que tendia a se afirmar em semelhante opressão, a força de vontade, em que reconheciam e veneravam sua própria força e sua alegria em dominar. É uma parte de si mesmos que honravam ao honrar o santo. Deve-se acrescentar que o aspecto do santo os tornava desconfiados: semelhante monstruosidade de negação e de contra-natureza não pode ter sido desejada em vão, é isso que diziam. Existe talvez um motivo, um perigo muito grande que o asceta, graças a seus admiradores e a seus visitantes secretos, poderia conhecer

---

[1] União mística e física (N. do T.).

mais de perto. Seja como for, os poderosos da terra aprenderam com ele um novo temor, pressentiram um novo poder, um inimigo estranho que ainda não tinha sido vencido. Foi a "vontade de potência" que os obrigou a se deter diante do santo. Deviam perguntar a ele.

52

No Antigo Testamento judaico, que é o livro da justiça divina, há homens, coisas, discursos de estilo tão grandioso que as literaturas grega e hindu nada lhe podem contrapor. Detemo-nos com temor e veneração diante desses vestígios prodigiosos daquilo que já foi o homem e pensamos tristemente na velha Ásia e em sua pequena quase ilha, a Europa, que gostaria absolutamente de representar "o progresso do homem" com relação à Ásia. É verdade que aquele que não é ele próprio senão um animal doméstico, dócil e engraçado, aquele que só conhece as necessidades do animal doméstico (como nossos homens cultos de hoje, sem esquecer os cristãos do cristianismo "erudito"), esse não deve se surpreender nem se contristar entre essas ruínas. O gosto pelo Antigo Testamento é uma pedra de toque para conhecer o que é "grande" e o que é "pequeno". Talvez se adapte melhor ao Novo Testamento, o livro da graça, segundo seu coração (nele são encontrados numerosos traços desse verdadeiro odor dos carolas e das pequenas almas ternas e limitadas). Ter juntado ao Antigo Testamento esse Novo Testamento, de gosto tão rococó sob todos os aspectos, para compor um só livro chamado "Bíblia", o "livro em si", é talvez a maior temeridade, o maior "pecado contra o espírito" que a Europa literária carrega na consciência.

53

Por que o ateísmo, hoje? "O pai" em Deus foi radicalmente refutado, também o "juiz", o "dispensador". De igual modo, seu "livre-arbítrio": não ouve, e se ouvisse, não poderia ajudar em nada. O que há de pior, é que parece incapaz de se exprimir claramente. Ele costuma ser obscuro? – Foi isso que recolhi em muitas conversas, à direita e à esquerda, perguntando, escutando aqui e acolá, a respeito da ruína do teísmo europeu e de sua causa. Parece-me que o instinto religioso, embora se desenvolva poderosamente, rejeita o teísmo com uma profunda desconfiança.

54

De que se ocupa, enfim, toda a filosofia moderna? Desde Descartes – e isso antes por desconfiança dele do que por se apoiar em suas afirmações – todos os filósofos cometem um atentado contra o antigo conceito de alma, sob a aparência de criticar o conceito do sujeito e do atributo, isto é, um atentado contra o postulado da doutrina cristã. A filosofia moderna, sendo uma teoria cética do conhecimento, é de uma forma secreta ou aberta *anticristã*, embora, seja isso dito para orelhas mais sutis, de modo algum anti-religiosa. Outrora se acreditava na "alma" como na gramática e no sujeito gramatical. Dizia-se "eu" é a condição – "penso" é o predicado, condicionado. Pensar é uma atividade para a qual *é preciso* supor um sujeito como causa. Depois se tentou, com tenacidade e astúcia admiráveis, sair dessa rede; perguntou-se se não era o oposto que era verdadeiro: "penso", condição, "eu" condicionado; "eu" não seria, portanto, nada mais que uma síntese *criada* pelo próprio pensamento. No fundo, Kant queria demonstrar que, partindo do sujeito, o sujeito não podia ser demonstrado e o objeto tampouco. A possibilidade de uma *existência aparente* do sujeito, portanto da "alma", poderia não lhe ter sido sempre estranha; esse pensamento que, como filosofia Vedanta, já exerceu na terra um poder formidável.

55

Há uma grande escada de crueldade religiosa, com muitos degraus, mas três desses degraus são mais importantes. Outrora, homens eram sacrificados a seu deus, talvez justamente aqueles mais amados entre os demais. Assim ocorreu com as oferendas das primícias em todas as religiões pré-históricas e também com o sacrifício do imperador Tibério na gruta de Mitra, na ilha de Capri, o mais espantoso de todos os anacronismos romanos. Mais tarde, durante a época moral da humanidade, sacrificava-se a seu deus os próprios instintos mais violentos, sacrificava-se sua própria "natureza"; essa a alegria de sacrifícios brilha no olhar cruel do asceta, do iluminado "contra-natura". O que restava ainda a sacrificar? Não se chegaria ao ponto de sacrificar tudo aquilo que havia de confortante, de sagrado, de sadio, toda esperança, toda fé numa secreta harmonia para a felicidade e a justiça futuras? Não se devia sacrificar o próprio Deus e, por crueldade contra si mesmo, adorar a pedra, a estupidez, a força da gravidade, o destino, o nada? Sacrificar Deus ao nada – esse mistério paradoxal da extrema crueldade foi reservado à geração presente: todos nós ja sabemos alguma coisa a respeito.

56

Aquele que, movido como eu por uma espécie de desejo enigmático, se esforçou por muito tempo em meditar o pessimismo em suas profundezas, em livrar o mesmo da estreiteza e da tolice meio cristãs, meio germânicas, com as quais se apresentou finalmente durante este século, isto é, sob forma de filosofia de Schopenhauer, aquele que considerou realmente uma vez, sob todos os aspectos, com olhos asiáticos e superasiáticos o pensamento mais negativo que já houve no mundo – essa negação do universo para além do bem e do mal e não mais, como Buda e Schopenhauer, sob o encanto e a ilusão da moral – esse talvez abriu os olhos sem querer precisamente para o ideal contrário, para o ideal do homem mais impetuoso, mais vivo, mais afirmador que haja no mundo, o homem que não aprendeu somente a acomodar-se com o que foi e com o que é, mas que quer também que o mesmo estado de coisas continue, *tal como foi e tal como é*, e isso por toda a eternidade, gritando sem cessar "bis", não só para si, mas pela peça inteira, por todo o espetáculo, no fundo para aquele que tem necessidade desse espetáculo e o torna necessário, porque tem sempre necessidade de si mesmo e porque se torna necessário. – Como? Isso não seria "*circulus vitiosus deus*"?[1]

---

(1) Círculo vicioso divino (N. do T.).

57

A distância e, de algum modo, o espaço que se estende em torno do homem crescem com a força de sua visão intelectual e da visão de si mesmo. O mundo se torna então mais profundo, com novos enigmas e novas imagens que se apresentam à vista. Talvez tudo isso sobre o que seu olhar do espírito tenha exercido sua sagacidade e sua profundeza não tenha sido mais que um pretexto para esse exercício, um jogo e uma infantilidade. Talvez um dia as ideias mais solenes, aquelas que provocaram as maiores lutas e os maiores sofrimentos, as ideias de "Deus", de "pecado", não terão para nós maior importância que os brinquedos de crianças e que os desgostos de crianças aos olhos de um velho. E talvez o "velho" terá então necessidade de outro brinquedo ainda e também de outro desgosto – sentindo-se ainda bastante criança, eternamente criança!

58

Observou-se como a ociosidade exterior ou uma semi-ociosidade é necessária para a verdadeira vida religiosa (tanto no microscópico trabalho favorito do exame de si como a essa doce resignação que se chama "oração" e que é uma espera perpétua da "vinda de Deus"), quero dizer essa ociosidade com uma boa consciência que se pratica desde a origem e por tradição, não sem um certo sentimento aristocrático que insinua que o trabalho *desonra*, isto é, que torna o corpo e a alma vulgares? Foi observado, por conseguinte, que a atividade laboriosa dos tempos modernos, essa atividade ardente e orgulhosa que utiliza bestamente cada minuto, prepara e dispõe, melhor que todo o resto, a incredulidade? Entre aqueles que vivem hoje, por exemplo, na Alemanha, afastados da religião, há muitos homens de "livre pensamento", de origens e de espécies diferentes, mas antes de tudo, uma maioria daqueles cuja atividade fez desaparecer, de geração em geração, os instintos religiosos, de modo que não sabem mais absolutamente para que servem as religiões e que percebem com uma espécie de estupor apático a presença delas no mundo. Sentem-se suficientemente absorvidas, essas excelentes pessoas, seja em seus negócios, seja em seus prazeres, sem falar na "pátria", na leitura dos jornais e nos "deveres familiares". Parece bastante correto que não encontrem tempo para a religião, ainda mais pelo fato de não saberem se ela oferece um novo negócio ou um novo prazer – pois é impossível, dizem elas, que se vá à igreja exclusivamente para perder o bom humor. Não são inimigas dos costumes religiosos. Se o Estado exigir em certas circunstâncias sua participação a esses hábitos, fazem o que lhes for pedido, como são feitas tantas outras coisas – com uma seriedade paciente e modesta, sem muita curiosidade ou desgosto. Vivem muito tempo à parte e fora de tudo isso, para julgar se é necessário se pronunciar a favor ou contra. A maioria dos protestantes alemães da classe média faz parte hoje desses indiferentes, seja porque vive nos grandes centros industriais e comerciais, seja porque pertence ao mundo dos sábios e ao pessoal das universidades (excetuando-se os teólogos, cuja existência e possibilidade são para o psicólogo um enigma sempre mais difícil de penetrar). Entre os homens piedosos ou simplesmente favoráveis à Igreja, raramente se faz uma ideia de quanta boa vontade é necessária, poder-se-ia dizer arbitrária, para que hoje um sábio alemão se interesse seriamente pelo problema da religião; sua profissão por si mesma (como já indiquei, seu trabalho profissional, ao qual o obriga sua consciência moderna) o inclina a uma indiferença superior, quase indulgente, a respeito da religião, uma indiferença à qual por vezes se mescla um leve desprezo por aquela "sordidez do espírito" que ele pressupõe onde quer que se professe uma religião. Somente com a ajuda da história (logo, de forma alguma por sua experiência pessoal) o sábio chega a considerar as religiões com uma respeitosa seriedade, a ter por elas certa reserva temerosa. Mas ainda que fosse forçado a uma espécie de reconhecimento relativamente à mesma, pessoalmente não se teria aproximado da Igreja ou da piedade, talvez, pelo contrário, se teria afastado. A indiferença prática a respeito das coisas religiosas, no meio da qual nasceu, onde foi educado, se sublima geralmente nele em circunspecção e em retidão intelectual, as quais receiam o contato com os homens e com as coisas da religião. E pode ocorrer que precisamente a profundidade de sua tolerância e de sua humanidade lhe permitam evitar a delicada crise que os hábitos de tolerância podem acarretar. – Cada época possui sua espécie peculiar de ingenuidade divina, cuja descoberta poderia até ser invejada por outras épocas. E que ingenuidade venerável, infantil e desajeitada além de todos os limites há nessa pretensão do sábio ao se julgar superior, nessa tolerância com boa consciência, na certeza simples e imperturbável, com a qual seu instinto trata o homem religioso como um tipo inferior e de valor menor, do qual ele se afastou sob todos os pontos de vista – ele que não passa de um anão presunçoso e plebeu, operário trabalhador e aplicado no campo das "ideias", das "ideias modernas".

59

Quem observou bem o universo, adivinha facilmente quanta sabedoria existe no fato dos homens serem superficiais. É seu instinto de conservação que lhes ensina a ser levianos, volúveis e falsos. Encontra-se aqui e acolá um culto apaixonado e cheio de exagero pelas "formas puras", tanto entre os filósofos, como entre os artistas. Ninguém há de duvidar que aquele que tem assim *necessidade* de um culto da superfície deve ter feito algumas experiências abaixo da superfície. Talvez haja mesmo uma espécie de hierarquia entre essas crianças que temem o fogo porque nele se queimaram uma vez, artistas natos que sabem desfrutar a vida somente quando lhe *falseiam* a imagem (o que é uma espécie de vingança contra a vida). Poder-se-ia conhecer o grau de desgosto que lhes inspira a vida pela medida com que gostariam de ver a imagem dela falsificada, ver essa imagem transcendentalizada, afastada, divinizada. Desse modo, poder-se-ia contar os *homines religiosi* entre os artistas, como sua classe mais elevada. É um temor sombrio e profundo, o temor de um pessimismo incurável que obriga longos séculos a aferrar-se a uma interpretação religiosa da existência, o temor desse instinto que pressiona que se poderia conhecer a verdade *cedo demais*, antes que o homem se tenha tornado bastante duro, bastante artista... A compaixão, a "vida em Deus" assim consideradas apareceriam como o produto mais refinado e esquisito do *medo* da verdade, como uma adoração e uma embriaguez de artista diante da mais radical de todas as falsificações, a vontade de inverter a verdade, a vontade do não-verdadeiro a todo custo. Talvez jamais tenha havido até o presente meio mais eficaz para embelezar o homem que a piedade. Pela piedade, o homem pode tornar-se artífice, superfície, jogo de cores, bondade, a ponto que não se sofra mais com seu aspecto.

60

Amar o homem *pelo amor de Deus* foi até o presente o sentimento mais distinto e mais refinado que tenha sido alcançado pelos homens. O amor dos homens sem segunda intenção santificadora é *mais* uma tolice que tem algo de animalidade. O amor dos homens não recebeu senão graças a uma inclinação superior toda a sua medida, sua sutileza, seu grão de sal, sua parcela de âmbar. Qualquer que tenha sido o homem que experimentou por primeiro o sentimento de tudo isso, o primeiro que tenha "vivido" tudo isso, de qualquer maneira que sua língua tenha vacilado ao tentar expressar, pela primeira vez, semelhante sentimento, não é menos sagrado para nós e é digno de honra em todos os tempos esse homem que voou mais alto até agora e cujos passos errantes foram os mais belos!

61

O filósofo, como o compreendemos, nós, espíritos livres – como o homem cuja responsabilidade se estende mais longe, cuja consciência abrange o desenvolvimento completo da humanidade, esse filósofo se servirá das religiões para sua obra de seleção e de educação, do mesmo modo que se servirá das condições fortuitas da política e da economia de sua época. A influência seletiva e educativa, quer dizer, tanto aquela que destrói como aquela que cria e modela, a influência suscetível de ser exercida por meio da religião é diversa e múltipla de acordo com a espécie de homens que lhe são confiados. Para os homens fortes e independentes, preparados e predestinados ao mando, nos quais se personificam o espírito e a arte de uma raça dominante, a religião é um meio a mais para superar as resistências e para dominar. Ela é um vínculo que une senhores e súditos, que revela e entrega aos senhores a consciência dos súditos, naquilo que essa consciência tem de mais íntimo, de mais oculto e que, precisamente, gostaria de se furtar à obediência. No caso em que certas naturezas de origem nobre se inclinassem, por uma elevada espiritualidade, a uma vida mais retirada, mais contemplativa, conservando apenas o lado mais delicado do domínio (exercido sobre seus discípulos escolhidos ou membros de uma mesma ordem), a religião pode até mesmo ser usada como um meio de perturbar a calma, longe do barulho e das vicissitudes que acarretam o domínio mais *grosseiro* e de lavar as mãos da sujeira *inerente* a toda ação política. É assim que o entendiam, por exemplo, os brâmanes. Graças à sua organização religiosa, eles se asseguraram o direito de nomear seus reis para o povo, enquanto se mantinham à distância e apartados, sentindo que suas atribuições eram superiores às do rei. A religião serve também de guia a uma parte dos súditos e lhes proporciona condições de se preparar a dominar e a comandar um dia. São essas classes mais fortes que se desenvolvem lentamente, nas quais, graças a costumes favoráveis, a força de vontade e o caráter se acentuam sem cessar. A religião lhes oferece bastantes ocasiões e solicitações para seguir os caminhos da espiritualidade superior, para experimentar os sentimentos da vitória sobre si mesmo, do silêncio e da solidão. O ascetismo e o puritanismo são meios de educação e de enobrecimento quase indispensáveis, quando uma raça deseja dominar sua própria origem plebéia e atingir uma soberania futura. Aos homens comuns, finalmente, ao maior número, àqueles que estão lá para servir, para ser úteis à coisa pública e *que não têm direito* de existir senão se submeterem a essas condições, a religião proporciona um inapreciável contentamento, leva-os a aceitar sua situação, lhes dá a felicidade e a paz do coração, enobrece sua servidão, leva-os a amar seus semelhantes. É para eles uma espécie de transfiguração, de embelezamento e de justificação da vida cotidiana, de toda humilhação, de toda pobreza quase animal de sua alma. A religião e a importância religiosa da vida lançam um brilho ensolarado sobre seus seres semelhantes, atribulados sem cessar; ela torna suportável a seus olhos seu próprio aspecto, age como uma filosofia epicurista age geralmente com os sofrimentos de uma classe mais elevada, fortalecendo, afinando, utilizando até mesmo o sofrimento para justificá-la e santificá-la. Pode ser que não haja nada de tão digno de respeito no cristianismo e no budismo que a arte de ensinar aos pequenos a se elevarem pela piedade na aparência de uma ordem superior, a contentar-se assim da ordem verdadeira em que vivem, bastante duramente, é verdade; - mas importa conservar essa dureza!

Finalmente – para mostrar também a deplorável contraparte dessas religiões e o perigo inquietante que fazem correr – isso se paga sempre terrivelmente caro quando não se considera as religiões como meios de seleção e de educação nas mãos dos filósofos e que são deixadas agindo por si mesmas, *soberanas*, deixando-lhes o espaço para se erigirem em fins derradeiros, em lugar de permanecerem como meios, ao lado de outros meios. No homem como em qualquer outra espécie de animais há um excedente de indivíduos fracassados, doentes, degenerados, fracos que sofrem necessariamente. Os casos de sucesso são sempre exceções, *a fortiori* no homem, uma vez que o homem é um animal *cujas qualidades não estão ainda fixadas*. Mas há algo pior ainda. Quanto mais um homem representa um tipo de espécie superior, mas suas chances de *sucesso* se tornam mínimas: o acaso, a lei do irracional na economia humana, aparece de forma mais terrível nas devastações que exerce nos homens superiores, nos quais as condições vitais sutis e múltiplas são difíceis de avaliar. Ora, qual é a atitude das duas maiores religiões a respeito desse excessivo número de casos falhos? Ambas procuram conservar, manter na vida quem se deixar manter. Sim, elas tomam posição, por princípio, nos casos falhos, como religiões daqueles que *sofrem*, elas dão razão a todos aqueles que padecem da vida como de uma doença e que gostariam de conseguir que qualquer outro sentimento da vida fosse considerado como falso e se tornasse impossível. Qualquer que seja a importância conferida a esse cuidado de administração e de conservação que se aplica e se aplicava ainda ao tipo superior de homem, até o presente quase sempre o tipo mais sofrido: no final das contas, essas duas religiões, que se tornaram *soberanas*, são uma das principais causas que mantiveram o tipo "homem" num nível inferior. Elas encerravam em germe muitas coisas *que deveriam perecer*. Devem-se a elas benefícios inestimáveis e quem, portanto, se sentisse animado de um reconhecimento bastante grande para não se achar pobre diante daquilo que os "homens espirituais" do cristianismo fizeram até agora para a Europa! Entretanto, quando elas davam consolo aos que sofrem, coragem aos oprimidos e aos desesperados, sustento e apoio aos irresolutos, quando elas atraíam para os claustros, essas casas de correção da alma, dos corações partidos e dos espíritos desenfreados, que lhes restava fazer ainda para trabalhar, em boa consciência e sistematicamente, na conservação de tudo aquilo que está doente e de tudo aquilo que sofre, isto é, de fato e por causa da *deterioração da raça européia*! *Inverter* todas as apreciações de valores, era isso que elas deviam fazer! Enfraquecer os fortes, diminuir as grandes esperanças, tornar suspeita a felicidade que reside na beleza, abater tudo o que é soberano, viril, conquistador e dominador, esmagar todos os instintos que são próprios ao tipo "homem" mais elevado e melhor sucedido, para nisso subsistir a incerteza, a miséria da consciência, a destruição de si, transformar até mesmo todo o amor pelas coisas terrenas e pela dominação na terra em ódio contra o mundo terreno – *essa é a tarefa* que se impôs a Igreja e que deveria se impor até que enfim, para ela, "*renúncia ao mundo*", "*renúncia aos sentidos*" e "homem superior" se tivessem fundido num só sentimento. Se fosse considerado, com o olho astuto e indiferente de um deus epicurista, a comédia singularmente dolorosa, ao mesmo tempo grosseira e sutil, que o cristianismo europeu representou, acredito que não se poderia deixar de ficar tomados de surpresa e de uma risada inextinguíveis. Não é incrível que *uma* vontade tenha dominado a Europa durante dezoito séculos, a vontade de fazer do homem um *sublime aborto*? Mas aquele que se aproximasse, com aspirações contrárias, não mais como epicurista, mas armado de um martelo divino, dessa degenerescência e dessa corrupção quase despóticas do homem, tais quais nos aparecem sob os traços do europeu cristão (Pascal, por exemplo), esse não deveria exclamar com ira, piedade e espanto: "Ó deploráveis, presunçosos deploráveis, vocês que inspiram compaixão, que fazem? Era esse um trabalho para suas mãos? Como desperdiçaram e deterioraram minha bela pedra! Que é que se permitiram?" – Quero dizer que o cristianismo foi até o presente a mais funesta das presunções. Homens que não eram suficientemente fortes, previdentes para pôr mãos à obra, por uma inteira opressão de si próprios, a lei primordial que implica em mil espécies de abortos e de perdas; homens que não eram suficientemente nobres para ver a hierarquia, a diversidade profunda, o abismo que separa o homem do homem – esses homens conduziram até o momento os destinos da Europa com seu princípio da "igualdade diante de Deus", até que apareceu enfim uma espécie diminuída, quase ridícula, um animal de rebanho, algo de bonachão, doentio e medíocre, o europeu de hoje!...

QUARTA PARTE
MÁXIMAS E INTERLÚDIOS

63

Aquele que é fundamentalmente mestre só leva a sério as coisas por causa de seus alunos – inclusive ele próprio.

64

"O conhecimento pelo conhecimento" – eis a última armadilha tramada pela moral: é assim que se acaba por envolver-se nela de novo completamente.

65

O encanto do conhecimento seria diminuto se, para atingi-lo, não houvesse tanto pudor a vencer.

65 a

É com relação a Deus que demonstramos menos probidade: não lhe concedemos o *direito* de pecar!

66

A tendência a humilhar-se, a deixar-se roubar, a enganar e explorar, essa tendência não poderia ser o pudor de um deus entre os homens?

67

O amor de um só é uma barbárie, pois se exerce em detrimento de todos os outros. Mesmo o amor de Deus.

68

"Eu fiz isso", diz minha memória. "Não pude fazer aquilo" – diz minha altivez, que permanece inflexível. E finalmente, é a memória que cede.

69

Observou-se mal a vida, se ainda não se descobriu a mão que mata com luvas de veludo.

70

Quando se tem caráter, tem-se na vida uma aventura típica que sempre se renova.

71

O *sábio como astrônomo* – Enquanto considerares as estrelas como algo que está "acima de ti", falta-te o olhar do conhecedor.

72

Não é a força dos grandes sentimentos que faz os homens superiores, mas sua duração.

73

Aquele que atinge seu ideal, por isso mesmo o ultrapassa.

73 a

Certo pavão esconde sua cauda aos olhos de todos – e a chama seu orgulho.

74

Um homem dotado de gênio é insuportável se, além disso, não possuir pelo menos duas outras qualidades: a gratidão e a cortesia...

75

O grau e a espécie de sexualidade no homem atingem até o cume mais elevado de seu espírito.

76

Em tempos de paz o homem belicoso se ataca a si mesmo.

77

Com nossos princípios gostaríamos de tiranizar nossos hábitos ou justificá-los ou honrá-los ou maldizê-los ou escondê-los – dois homens com princípios iguais querem com isso alcançar algo fundamentalmente diferente.

78

Quem despreza a si mesmo, se honra pelo menos como desprezador.

79

Uma alma que sabe ser amada, mas não se ama a si mesma, trai sua profundeza – o que estava no fundo vem à tona.

80

Uma coisa que se explica deixa de interessar. – O que queria dizer esse deus que aconselhava: "Conhece-te a ti mesmo?" Talvez quisesse dizer: "Deixa de interessar-te por ti mesmo! Torna-te objetivo!" – E Sócrates? E o "homem científico"?

81

É terrível morrer de sede no mar. Deve-se, portanto, salgar a verdade, de modo que não estanque nunca mais a sede!

82

"Piedade para todos" – isso seria crueldade e tirania para *ti*, senhor meu vizinho!

83

O instinto – Quando a casa está em chamas, esquece-se até de comer. Mas depois se come sobre as cinzas.

84

A mulher aprende a odiar à medida que desaprende a fascinar.

85

As mesmas paixões têm um ritmo diferente no homem e na mulher: é por isso que o homem e a mulher jamais deixam de se desentender.

86

Mesmo as mulheres, no fundo de sua vaidade pessoal, têm sempre desprezo impessoal – pela "mulher"...

87

Coração acorrentado, espírito livre – Quando se acorrenta fortemente o coração e se o mantém preso, pode-se conceder muitas liberdades ao espírito. Já o disse uma vez. Mas ninguém quer acreditar em mim – é de se supor que já o saiba...

88

Começa-se a desconfiar das pessoas muito sensatas, quando se mostram embaraçadas.

89

As aventuras terríveis levam a pensar se aquele a quem lhe acontecem não é ele próprio alguém terrível.

90

Os homens pesados, melancólicos se tornam mais leves por aquilo que torna os outros mais pesados, pelo ódio e pelo amor. E desse modo sobem às vezes até a superfície.

91

Tão frio, tão gelado que queima os dedos! A mão que o toca recua de pavor! – E é por isso que alguns o acham ardente!

92

Quem ainda não se sacrificou pelo menos uma vez por sua boa reputação?

93

Na afabilidade não há misantropia, mas é por isso que se encontra tanto desprezo pelos homens.

94

A maturidade do homem consiste em ter reencontrado a seriedade que tinha nos brinquedos quando era criança.

95

Ter vergonha de sua imoralidade é um degrau da escada em cujo topo se tem vergonha também de sua moralidade.

96

É preciso despedir-se da vida como Ulisses de Nausica – bendizendo-a mais que mostrar-se enamorado dela.

97

Como! Um grande homem? Não consigo ver nele mais que o comediante de seu próprio ideal.

98

Quando alguém quer amestrar a própria consciência, ela o abraça mas mordendo.

99

O desiludido fala – "Esperava um eco, mas só ouvi elogios."

100

Diante de nós mesmos fingimos todos ser mais simples do que realmente somos: assim não nos repousamos de nossos semelhantes.

101

Hoje, um homem que busca o conhecimento poderia facilmente acreditar-se um deus que se torna animal.

102

Descobrir que se é correspondido no amor deveria abrir os olhos a respeito do fato de ser amado. – "Como? Seria coisa bastante modesta te amar? Ou bastante tola? – Ou ainda – ou ainda..."

103

O perigo na felicidade – "Agora, tudo vai bem; gosto de toda espécie de destino – quem tem vontade de ser meu destino?"

104

Não é seu amor pela humanidade, mas a impotência de seu amor pela humanidade que impede os cristãos de hoje – de nos jogar na fogueira.

105

Por meio da música as paixões desfrutam de si próprias.

106

Para o espírito livre, para aquele que possui a "religião do conhecimento" – *pia fraus* é mais contrária a seu gosto (à sua religiosidade) que a *impia fraus*[1]. Disso decorre sua profunda incompreensão da Igreja – como a própria sujeição do tipo "espírito livre".

107

Quando se toma uma decisão, é preciso tapar os ouvidos mesmo aos melhores argumentos contrários. É o indício de um caráter forte. Quando oportuno, deve-se, portanto, fazer triunfar a própria vontade até a estupidez.

108

Não existem fenômenos morais, mas interpretações morais dos fenômenos.

109

O criminoso não está muitas vezes à altura de seu ato: ele o amesquinha e o calunia.

110

Os advogados de um criminoso são raramente bastante artistas para utilizar, em proveito do culpado, a beleza terrível de seu ato.

....

(1) *Pia fraus*: piedosa fraude; *impia fraus*: fraude impiedosa (N. do T.).

111

É quando nosso orgulho acaba de ser ferido que é mais difícil ferir nossa vaidade.

112

Aquele que se sente predestinado à contemplação e não à fé, acha todos os crentes ardentes e inoportunos: procura evitá-los.

113

Queres dispor alguém em teu favor? Finge-te embaraçado diante dele.

114

A enorme expectativa no amor sexual e a vergonha dessa expectativa estraga de uma só vez na mulher todas as perspectivas.

115

Quando o amor e o ódio não estão em jogo, a mulher joga de maneira medíocre.

116

As grandes épocas de nossa vida são aquelas em que temos a coragem de considerar o que é mau em nós como aquilo que temos de melhor.

117

A vontade de superar uma paixão não é, em definitivo, senão a vontade de outra ou de muitas outras paixões.

118

Existe uma ingenuidade na admiração. É aquela do homem que não considera a possibilidade de ele também poder ser admirado um dia.

119

O nojo da sujeira pode ser tão grande que impede de nos purificar – de nos "justificar".

120

A sensualidade ultrapassa muitas vezes o crescimento do amor, de tal forma que a raiz permanece fraca e fácil de arrancar.

121

Há em Deus uma questão delicada por ter aprendido grego quando quis ser escritor – a de não tê-lo aprendido melhor.

122

Regozijar-se por um elogio não passa muitas vezes de uma cortesia do coração – e o contrário de uma vaidade do espírito.

123

Também o concubinato foi corrompido – pelo matrimônio.

124

Aquele que se regozija ainda na fogueira, não triunfa da dor, mas do fato de não sentir a dor onde esperava. Um símbolo.

125

Quando somos obrigados a mudar de opinião a respeito de alguém, fazemos com que pague caro o embaraço que nos causa.

126

Um povo é o desvio da natureza para chegar a seis ou sete grandes homens. – Sim, e em seguida deixá-los de lado.

127

Para as verdadeiras mulheres, a ciência é despudorada. Elas têm a impressão de que são olhadas por baixo da pele – pior ainda! por baixo das roupas.

128

Quanto mais abstrata a verdade que queres ensinar, mais deverás seduzir os sentidos.

129

O diabo tem as mais amplas perspectivas com relação a Deus, por isso se mantém tão distante dele. – O diabo, isto é, o mais antigo amigo do conhecimento.

130

Começa-se a adivinhar *quem é* alguém quando seu talento declina – quando deixa de mostrar o que *pode*. O talento pode ser um ornamento e o ornamento um esconderijo.

131

Os sexos se enganam mutuamente: isso demonstra que não amam e não estimam no fundo senão a si mesmos (ou seu próprio ideal, para me exprimir de maneira mais gentil). Assim, o homem deseja a mulher pacífica – mas a mulher é *essencialmente* batalhadora, da mesma forma que o gato, por mais que tenha a habilidade de manter as aparências de paz.

132

É por suas virtudes que alguém é punido melhor.

133

Aquele que não sabe encontrar o caminho que conduz a *seu* ideal vive de maneira mais frívola, mas insolente que o homem sem ideal.

134

São os sentidos que tornam as coisas dignas de fé, lhes conferem boa consciência e aparência de verdade.

135

O farisaísmo não é uma corrupção do homem bom. É, pelo contrário, em grande parte, condição necessária para ser bom.

136

Um procura um auxiliar para desenvolver suas ideias, outro procura a quem possa ajudar: é assim que se organiza um bom entretenimento.

137

Quando uma mulher tem gosto pelas ciências, há geralmente em sua sexualidade alguma coisa que não está em ordem. A esterilidade já predispõe a uma certa masculinidade do gosto; com efeito, o homem é, com sua permissão, o "animal estéril".

138

Fazemos quando despertos o que fazemos em sonho: começamos por inventar e imaginar o ser que freqüentamos – e isso, nós o esquecemos logo.

139

Na vingança como no amor, a mulher é mais bárbara que o homem.

140

Conselho em forma de adivinha: "Se não quiseres que o laço se parta, é preciso segurá-lo com os dentes."

141

É seu baixo ventre que impede o homem de se considerar tão facilmente um deus.

142

A frase mais casta que já ouvi: "No verdadeiro amor, é a alma que envolve o corpo."

143

O que melhor fazemos, nossa vaidade gostaria que passasse a ser considerada a mais difícil. Isso para explicar a origem de muitas morais.

144

Nas relações com sábios e artistas, nos enganamos facilmente em sentido oposto: atrás de um sábio notável encontramos muitas vezes um homem medíocre e, atrás de um artista medíocre, um homem notável.

145

Comparando, em seu conjunto, o homem e a mulher, pode-se dizer: a mulher não possuiria o talento de se adornar se não soubesse, por instinto, que ela desempenha o papel *secundário*.

146

Aquele que luta contra os monstros deve vigiar para não se tornar um deles. Ora, quando teu olhar se fixa por muito tempo no fundo de um abismo, o próprio abismo penetra em ti.

147

Extraído de uma antiga novela florentina – coisa vivida: *buona femmina e mala femmina vuol bastone* (Saccheti, novela 86)[1].

148

Induzir insidiosamente nosso próximo a ter boa opinião de nós e, de repente, acreditar firmemente que essa é a opinião de outro: quem, pois, nessa coisa toda saberia imitar as mulheres?

149

Aquilo que numa época é considerado mau, é geralmente um eco inatual daquilo que outrora foi considerado bom – o atavismo de um ideal envelhecido.

150

Em torno de um herói, tudo se torna tragédia; – em torno de um semideus, tudo se torna drama satírico; – em torno de Deus, tudo se torna – em quê? Talvez "mundo".

---

[1] Boa mulher e má mulher requer bordoada (N. do T.).

151

Não basta ter talento: é preciso também ter permissão de tê-lo – o quê! meus amigos?

152

"Onde se encontra a árvore do conhecimento se encontra também o paraíso." Assim falam as mais velhas e as mais jovens serpentes.

153

O que se faz por amor sempre se faz além do bem e do mal.

154

A objeção, o distanciamento, a desconfiança alegre, a ironia, são sinais de saúde; tudo o que é absoluto pertence aos domínios da patologia.

155

O sentido do trágico aumenta e diminui com a sensualidade.

156

A loucura, no indivíduo, é coisa rara – nos grupos, nos partidos, nos povos, nas épocas, é a regra.

157

A ideia do suicídio é um poderoso consolo: ela ajuda a passar mais de uma noite ruim.

158

Não é somente nossa razão, mas também nossa consciência, que se submete a nosso instinto mais forte, àquele que é o tirano em nós.

159

Deve-se retribuir o bem e o mal. Mas por que teria de ser justamente para a pessoa que nos fez o bem ou o mal?

160

Não se ama suficientemente o próprio conhecimento logo que se o comunica a outros.

161

Os poetas não têm pudor para com suas aventuras – eles as exploraram.

162

"Nosso próximo não é nosso vizinho, mas o vizinho deste" – assim pensam todos os povos.

163

O amor revela as qualidades sublimes e secretas daquele que ama – o que ele possui de raro, de excepcional. É por isso que o amante engana facilmente naquilo que nele é regra.

164

Jesus disse a seus judeus: "A lei foi feita para os escravos – amem a Deus como eu o amo, como seu filho! Que importa a moral, para nós, filhos de Deus!"

165

Aviso a todos os partidos. – Um pastor sempre tem necessidade de um carneiro condutor – de outro modo é obrigado a fazer-se ele próprio de carneiro.

166

É realmente com a boca que se proferem mentiras: mas com os trejeitos que se fazem ao mesmo tempo, a verdade é dita da mesma forma.

167

Nos homens rudes, a intimidade é objeto de pudor – e é também algo de precioso.

168

O cristianismo deu veneno a Eros para beber – ele não morreu, mas ficou viciado.

169

Falar muito de si pode ser também um meio como outro para se esconder.

170

No elogio há muito maior indiscrição que na recriminação.

171

A compaixão causa um efeito risível no homem que busca o conhecimento, como mãos delicadas no ciclope.

172

Por amor dos homens, abraçamos o primeiro que chega (porque não podemos abraçar a todos): mas é precisamente o que não se deve dizer a ele...

173

Não se odeia tanto quanto se despreza. Não se odeia senão seu igual ou seu superior.

174

Ó utilitaristas, vocês também não gostam do *útil* a não ser como *veículo* de suas inclinações – vocês também acham o ruído das rodas desse veículo insuportável?

175

Amamos, em definitivo, somente nossas inclinações e não aquilo a que nos inclinamos.

176

A vaidade dos outros só fere nosso gosto quando fere nossa vaidade.

177

A respeito da "veracidade", ninguém até agora foi talvez realmente verídico.

178

Não se acredita nas tolices das pessoas sensatas – que perda para os direitos do homem!

179

As consequências de nossas ações nos agarram pelos cabelos; para elas é indiferente que, no intervalo, nos tenhamos tornado melhores.

180

Há uma ingenuidade na mentira que é indício de boa-fé.

181

É desumano bendizer aquele que nos amaldiçoa.

182

As familiaridades de um homem superior irritam, porque não podemos retribuí-las.

183

"Fiquei desnorteado, não pelo fato de que tenhas mentido, mas pelo fato de que não posso mais acreditar em ti."

184

Há uma exuberância na bondade que parece ser maldade.

185

"Ele não me agrada." – Por quê? – "Não me sinto à sua altura." – Algum homem já respondeu de tal forma?

QUINTA PARTE
Para a História Natural da Moral

186

O sentimento moral é no presente, na Europa, tão sutil, tão tardio, múltiplo, refinado e delicado como a "ciência moral" que a ele se liga é jovem, principiante, pesada e grosseira. Contraste atraente que por vezes toma corpo e se manifesta na própria pessoa do moralista. A expressão "ciência da moral", com relação ao que exprime, já é muito presunçosa e contrária ao *bom gosto*, que geralmente prefere expressões mais modestas. Com todo o rigor, deveria ter a coragem de confessar aquela coisa que necessitará ainda por muito tempo, aquela única que provisoriamente tem um direito a ser, isto é, reunir o material, o conhecimento e o governo de um domínio enorme de sentimentos de valor delicados e diferenciações de valor, os quais vivem, crescem, geram e perecem – e, talvez, tentar tornar inteligíveis as formas renovadoras e mais frequentes dessa cristalização viva – tudo isso como preparação a uma *tipologia* da moral. Sem dúvida, até agora fomos menos modestos. Os filósofos sem exceção, com uma seriedade e uma rigidez que se prestavam ao riso, exigiam de si mesmos algo de bem mais elevado, de mais pretensioso, de mais solene, logo que deviam se ocupar de moral como ciência. Pretendiam encontrar os *fundamentos* da moral – e todos os filósofos acreditaram até o presente que haviam fundado a moral. Mas a moral, por si mesma, era considerada como coisa "dada". Como essa tarefa de descrição, de aparência rude, abandonada na poeira e no esquecimento estava longe de seu pesado orgulho, já que semelhante incumbência requer mãos e sentidos inefavelmente sutis! É precisamente porque os moralistas só conhecem grosseiramente os fatos da moralidade, por extratos arbitrários ou por abreviações casuais, como moralidade de seu meio, de sua condição, de sua igreja, do espírito de sua época, de seu clima e de sua região – porque estavam mal informados sobre os povos, as épocas, as tradições e porque não se interessavam em pesquisar os verdadeiros problemas da moral que se apresentavam diante deles; de fato esses problemas não aparecem senão quando se compara numerosas morais. Tão surpreendente quanto possa parecer, na "ciência da moral" inteira faltou até agora o problema da própria moral, a suspeita de que pudesse haver nela alguma coisa de problemático. Aquilo que os filósofos chamam "fundamento da moral" e aquilo que pretendiam não era, visto em verdadeira grandeza, mais que uma forma sapiente da boa-fé na moral dominante, um novo meio de *exprimir* essa moral, por conseguinte um estado de fato nos limites de uma moralidade determinada ou ainda, em última análise, uma espécie de negação que essa moral pudesse ser concebida como problema. De qualquer modo, era o contrário de um exame, de uma análise, de uma contestação, de uma vivissecção dessa própria boa-fé! Perceba-se com que ingenuidade quase venerável Schopenhauer apresenta sua própria tarefa e tirem-se as conclusões sobre os métodos científicos de uma "ciência" em que os mais recentes mestres falam ainda a linguagem das crianças e das velhas: "O princípio", diz Schopenhauer (*Os fundamentos da moral,* II, 6), "o princípio sobre o qual todos os moralistas estão de acordo é: *neminem laede, immo omnes, quantum potes juva*[1] – aí está, *na verdade*, o princípio que todos os teóricos tentam demonstrar... o verdadeiro fundamento da ética, essa pedra filosofal, que é procurada há milhares de anos." – A dificuldade em demonstrar essa tese é certamente grande e é notório que nem mesmo Schopenhauer chegou a consegui-lo. Mas aquele que percebeu profundamente como essa proposição é falsa, insípida e sentimental, num universo que tem como essência a vontade de potência deverá se lembrar que Schopenhauer, embora fosse

....
(1) Não prejudiques a ninguém, mas ajuda, quanto possível, a todos (N. do T.).

pessimista, na verdade – tocava flauta... todos os dias, depois da refeição, se consultarmos seu biógrafo. Então me pergunto de passagem, se um pessimista, um negador de Deus e do mundo, que se detém diante da moral – que afirma a moral e toca flauta para acompanhar essa moral do *neminem laede,* tem o direito de se dizer verdadeiramente pessimista?

187

Abstração feita do valor das afirmações como "Existe em nós um imperativo categórico", sempre é lícito perguntar: o que nos revela semelhante afirmação a respeito daquele que a afirma? Há morais que têm por função justificar seus autores. Há outras morais que servem para tranqüilizar e deixar satisfeito. Outras impelem o autor a se crucificar, a se humilhar; outras ainda querem exercer uma vingança ou talvez servem para se esconder, se transfigurar no além e no distante. Certa moral serve ajuda seu autor a esquecer, outra para fazer-se esquecer a si mesmo ou a alguma coisa que lhe diz respeito. Certo moralista gostaria de exercer sobre a humanidade seu poder e sua fantasia criativa, outro – e poderia ser justamente Kant – daria a entender com sua moral: "O que em mim é respeitável, é que sei obedecer – e em vocês, não deve ser de outra forma como em mim!" – Por isso as morais nada mais são que a *linguagem figurada das paixões.*

188

Toda moral é, em oposição ao *laisser aller* (deixar correr), uma espécie de tirania contra a "natureza" e também contra a "razão". Mas isso não pode servir de objeção contra ela, se não fosse preciso decretar, em nome de outra moral, qualquer que fosse, que toda tirania e irracionalidade são interditas. O que há de essencial e de inapreciável em toda moral é que é uma coação prolongada. Para compreender o estoicismo ou Port-Royal ou o puritanismo, basta lembrar a coação que se teve de impor a toda linguagem humana para fazê-la chegar à força à liberdade – coação métrica, tirania da rima e do ritmo. Quanto trabalho tiveram os poetas e os oradores de todos os povos! Não quero excetuar alguns escritores de hoje que encontram em seus ouvidos uma consciência implacável – "por um absurdo", como dizem alguns utilitaristas imbecis que com isso se julgam instruídos "por submissão" a leis arbitrárias", como dizem os anarquistas que com isso pretendem mostrar-se livres e até mesmo livres pensadores. Ao contrário, é um fato singular que tudo o que há e tudo o que houve na terra de liberdade, de refinamento, de bravura, de dança, de segurança magistral, seja no próprio pensamento, na arte de governar, de falar e de persuadir, nas belas artes como nos costumes, se desenvolveu precisamente graças ă "tirania dessas leis arbitrárias"; e, seja dito com a mais profunda seriedade, é muito provável que é precisamente nisso que consiste a "natureza" e a ordem "natural" das coisas – e que não consiste em absoluto no *"laisser aller"*. Todo artista sabe que seu estado "natural" se encontra muito longe de um sentimento que se assemelhe ao *"laisser aller"*, que há, ao contrário, nele, no momento da inspiração, um desejo de ordenar, de classificar, de dispor, de formar livremente; é como então obedece de uma maneira severa e sutil a leis múltiplas que repelem reduções a fórmulas, exatamente por causa de sua precisão e de sua dureza (pois, ao lado dessas, as noções mais fixas têm algo de confuso, de múltiplo, de equívoco). Aparece claramente, para dizê-lo uma vez mais, que a coisa principal "no céu e na terra" é *obedecer* muito tempo e numa mesma direção. A longo prazo resultaria e resulta ainda alguma coisa pela qual vale a pena viver na terra, por exemplo, a virtude, a arte, a música, a dança, a razão, o espírito – alguma coisa que transfigura, algo de refinado, de louco e de divino. A longa servidão do espírito, a desconfiada coação na comunicabilidade dos pensamentos, a disciplina que o pensador se impunha de acordo com uma regra da Igreja e da corte ou de acordo com as hipóteses aristotélicas, a persistente vontade intelectual de explicar tudo o que acontece segundo um esquema cristão, de descobrir e justificar o Deus cristão em toda ocorrência – todos esses procedimentos violentos, arbitrários, duros, terríveis e contrários à razão se revelaram como meios de educação pelo qual o espírito europeu chegou a seu vigor, à sua curiosidade ilimitada, à sua mobilidade sutil. Deve-se conceder que ao mesmo tempo uma boa parte de força e de espírito, comprimida, insuflada e desgastada foi perdida sem remissão (pois, aqui como em todo lugar, a natureza se mostra tal como é, em toda a sua grandiosa e *indiferente* prodigalidade – que revolta, mas que é nobre). Se durante milênios os pensadores europeus tentaram apenas provar alguma coisa, hoje, ao contrário, todo pensador que quer "demonstrar" algo é suspeito. – Foram sempre fixados de antemão a respeito do resultado *necessário* de suas meditações mais severas, como ocorreu outrora com a astrologia asiática ou como ocorre ainda hoje com a inocente interpretação que os cristãos e os moralistas dão aos acontecimentos mais próximos e mais pessoais "para a glória de Deus" e "para a salvação da alma". Essa tirania, esse arbitrário, essa severa e grandiosa estupidez *educaram* o espírito; parece que a escravidão, seja no sentido estrito, seja num sentido mais sutil, é o meio indispensável de disciplina e de educação intelectuais. Que se tome a moral que se quiser. É a "natureza" na moral que ensina a detestar o "*laisser aller*", a excessiva liberdade e que implanta a necessidade de horizontes limitados e de tarefas que estão ao alcance – é ela que ensina o *encolhimento das perspectivas,* num certo sentido, portanto, a tolice como condição de vida e de crescimento. "Deves obedecer a quem quer que seja, deves obedecer por muito tempo, *senão* cairás em ruína e perderás todo respeito por ti mesmo." – Esse me parece ser o imperativo moral da natureza, que não é "categórico", contrariamente ao que pretendia o velho Kant (por isso esse "senão"), e não se dirige ao indivíduo (que importa para a natureza o indivíduo?), mas a povos, a raças, a épocas, a castas – antes de tudo, ao animal "homem" completo, à espécie "homem".

189

As raças laboriosas têm grande dificuldade em suportar a ociosidade: foi um golpe de mestre do instinto *inglês* santificar o domingo para as massas e torná-lo tão enfadonho, que o inglês aspira inconscientemente a seu trabalho da semana. O domingo se torna para ele uma espécie de *jejum* inteligentemente inventado e intercalado, como se encontra muitas vezes no mundo antigo (embora não seja sempre em vista do trabalho, como convém aos países do sul). É preciso que haja diversas espécies de jejum; e em toda parte onde dominam hábitos e instintos poderosos, os legisladores têm que se preocupar em introduzir dias intercalados, durante os quais um desses instintos seja acorrentado para que aprenda de novo a ter fome. Consideradas a partir de um ponto de vista superior, raças e épocas inteiras aparecem, desde que se apresentam com algum fanatismo moral, como o equivalente desses períodos intercalados de jejum e de opressão, durante os quais um instinto aprende a se curvar e a se submeter, mas também a *se purificar* e a *se afinar*. Certas seitas filosóficas (por exemplo, o estoicismo no meio da cultura greco-romana, de sua atmosfera ardente e sobrecarregada de perfumes afrodisíacos) permitem também semelhante interpretação. – Assim se explica de algum modo esse paradoxo que é justamente no período mais cristão da Europa e somente sob a pressão das avaliações cristãs, que o instinto sexual foi sublimado até o amor (*amor-paixão*).

190

Há algo na moral de Platão que não pertence realmente a Platão, mas que se encontra em sua filosofia, por assim dizer, apesar dele. Falo do socratismo, para o qual ele era muito nobre. "Ninguém quer se prejudicar a si mesmo, é por isso que todo mal se faz involuntariamente. De fato, o mau se prejudica a si mesmo. Não o faria se soubesse que o mal é mau. Em decorrência, o mau não é mau senão por erro. Que se extirpe seu erro e ele se tornará bom." – Esse modo de concluir tem cheiro de *plebe*, pois o povo não vê nos maus procedimentos senão as consequências prejudiciais e julga, de fato: "Ele é *tolo* ao agir mal", enquanto considera simplesmente "bom" como sinônimo de "útil", de "agradável". Para tudo o que é utilitarismo na moral, pode-se, de saída, admitir essa mesma origem e seguir seu faro: raramente haverá engano. – Platão envidou todos os esforços para introduzir uma interpretação sutil e distinta na doutrina de seu mestre, antes de tudo, para se introduzir a si mesmo – ele, o mais audaz dos intérpretes que recolheu todo o Sócrates nas ruas, como o tema de uma canção popular, para modificá-lo até o infinito e o impossível, isto é, que nele colocou suas próprias máscaras e seus múltiplos rostos. Gracejando e parafraseando Homero, o que é o Sócrates platônico senão: προσθε πλατων οπιθεν τε πλατων, μεσση δε χιμαιρα.[1]

191

O velho problema teológico da "fé" e da "ciência" – ou, mais precisamente, do instinto e da razão – a questão de saber se, na avaliação das coisas, o instinto merece mais autoridade que a razão que aprecia e age segundo motivos, segundo um "porquê", portanto, em conformidade com um objetivo e com um fim utilitário – é sempre esse mesmo problema moral, tal como se apresentou em primeiro lugar na pessoa de Sócrates e tal como, muito tempo antes do cristianismo, já havia dividido os espíritos. É verdade que o próprio Sócrates, com seu talento de dialético superior, se havia colocado primeiramente do lado da razão; e, na verdade, o que fez durante toda a sua vida senão rir da incapacidade desastrosa desses aristocratas atenienses, homens de instinto como todos os aristocratas e impotentes em encontrar razões para a conduta deles? Mas, no final das contas, em seu foro interior, ria também dele próprio: sondando sua consciência, encontrava em si a mesma dificuldade e a mesma incapacidade. Por que (se insinuava a si mesmo) renunciar aos instintos por causa disso? Deve-se ajudar os instintos e *também* a razão – deve-se seguir os instintos, mas persuadir a razão para que os apóie com bons argumentos. Essa foi a verdadeira *falsidade* desse grande irônico, rico em mistério. Levou sua consciência a se contentar com uma espécie de engano voluntário: no fundo, havia penetrado naquilo que há de irracional nos juízos morais. – Platão, mais inocente em semelhante matéria e desprovido da astúcia do plebeu, quis se persuadir a toda força – a maior força que um filósofo tenha despregado até então! – que a razão e o instinto tendiam espontaneamente ao mesmo fim, ao bem, a "Deus". E, desde Platão, todos os teólogos e todos os filósofos seguem o mesmo caminho – isto é, que em matéria de moral, o instinto ou, como dizem os

---

(1) Platão na frente, Platão atrás e Quimera no meio. O verso de Homero diz: "Leão na frente, serpente atrás e no meio cabra" (N. do T.).

cristãos a "fé", ou, como eu digo, "o rebanho", triunfou até hoje. Seria necessário excetuar Descartes, pai do racionalismo (e consequentemente, avô da revolução), que não reconhecia autoridade senão a razão: mas a razão é apenas um instrumento e Descartes era superficial.

192

Aquele que segue o curso da história de uma ciência particular encontra no desenvolvimento dessa ciência um fio condutor que o leva a compreender os procedimentos mais antigos e mais comuns de todo "conhecimento". Aqui, como em outro lugar, é pelas hipóteses prematuras, pelas fantasias, pela "boa-fé", pela falta de desconfiança e de paciência que se começa – nossos sentidos aprendem muito tarde e não aprendem jamais completamente a ser órgãos do conhecimento, sutis, fiéis e circunspectos. Nossos olhos, numa indicação dada, acham mais fácil evocar uma imagem muitas vezes evocada do que conceber em si a divergência e a novidade de uma impressão: para isso seria preciso mais força, mais "moralidade". Ouvir algo de novo é penoso e difícil para o ouvido; não captamos bem a música estrangeira. Temos uma tendência involuntária, quando nos falam numa língua estrangeira, em colocar nas palavras ouvidas sons familiares e íntimos a nossos ouvidos. É assim, por exemplo, que o alemão fez com a palavra *arcubalista* a palavra *Armbrust* (balista). Nossos próprios sentidos resistem e são hostis ao que é novo; em geral, nos processos mais *simples* da sensibilidade, já *dominam* as paixões, como o temor, o amor, o ódio, inclusive essa paixão passiva, a preguiça. – Um leitor de hoje não lê todas as palavras (ou todas as sílabas) de uma página – sobre vinte palavras, toma no máximo cinco ao acaso e por essas cinco, adivinha o sentido suposto. De igual modo, não vemos uma árvore de uma maneira exata e em seu conjunto, detalhando suas folhas, seus galhos, sua cor e sua forma; é muito mais fácil imaginar aproximadamente uma árvore. No meio dos acontecimentos mais extraordinários, agimos ainda da mesma forma: inventamos a maior parte da aventura e não é praticamente possível nos obrigar a assistir a um acontecimento qualquer, sem ser deles os "inventores". Tudo isso mostra que estamos fundamentalmente – e desde a origem - *habituados à mentira*. Ou, para me exprimir de uma maneira mais virtuosa e mais hipócrita, em resumo, de uma maneira mais agradável: somos muito mais artistas do que pensamos. – Numa conversa animada, vejo muitas vezes a figura de meu interlocutor se apresentar diante de mim com tanta nitidez e fineza, seguindo o pensamento que expressa ou que acredito evocado nele, que esse grau de intensidade ultrapassa em muito a *força* de minha faculdade visual: – a fineza do jogo muscular, da expressão do olho *deve*, portanto, ser um produto de minha imaginação. É provável que a pessoa tivesse uma expressão totalmente diversa ou que não tivesse nenhuma.

193

Quidquid luce fuit, tenebris agit[1]: e também vice-versa. O que vivemos em sonhos, supondo que os vivemos seguidamente, acaba por tomar parte do curso geral de nossa alma como se fosse alguma coisa "realmente" vivida: graças a nossos sonhos, somos mais ricos ou mais pobres, possuímos uma necessidade a mais ou a menos e, finalmente, em pleno dia e mesmo nos momentos mais lúcidos de nosso espírito em estado de vigília, somos um pouco governados pelos hábitos de nossos sonhos. Suponhamos que um indivíduo tenha sonhado repetidas vezes que voava e que tenha acabado por acreditar que pode e sabe voar. Esse indivíduo que conhece a sensação de certa leveza divina, que acredita que pode "subir" sem esforço nem tensão, "descer" sem rebaixar-se, como não haveria de dar à palavra "felicidade" uma cor e significação distinta? – Como o homem de semelhante experiência, de semelhante hábito no sonho, não acabaria por achar a palavra "felicidade" colorida e precisada de outra forma do que dela se servia quando desperto! Comparado a esse "vôo", o "impulso" dos poetas seria para ele, deveria ser para ele, demasiado terrestre, demasiado muscular, demasiado violento, demasiado "pesado".

....
(1) Tudo o que esteve à luz caminha para as trevas (N. do T.).

194

A diversidade dos homens não se revela somente na diversidade das categorias dos bens estabelecidas por eles, isto é, no fato de que consideram "bens" diferentes como desejáveis, que estão em desacordo no grau de valor, na hierarquia dos bens comumente reconhecidos – ela se revela mais ainda naquilo que os homens consideram como a *propriedade* e a *posse* reais de um bem. No que diz respeito à mulher, por exemplo, um homem modesto se satisfará da posse do corpo dela e do desfrute sexual, sinais suficientes de que a possui como própria. Outro, em seu desejo mais desconfiado e mais exigente, vê que semelhante propriedade tem algo de incerto e de ilusório e exige provas mais sutis; quer, antes de tudo, saber, não somente se a mulher se entrega a ele, mas também se ela renuncia em seu favor ao que ela tem ou ao que gostaria de ter; é *dessa maneira* somente que ela lhe parece como "posse". Mas um terceiro irá ainda mais longe em sua desconfiança e em sua vontade de se apoderar; perguntará se a mulher que renuncia a tudo em seu favor não o faz por um fantasma dele próprio. Quer antes de tudo ser conhecido a fundo, ousa deixar-se adivinhar. Não se sente amado em sua posse completa a não ser quando ela não se enganar mais a respeito dele, quando ela o amar tanto por seu satanismo, sua avidez insaciável e oculta, como por sua bondade, sua paciência e sua inteligência. Esse gostaria de possuir um povo e todas as artimanhas de um Cagliostro e de um Catilina lhe conviriam para esse fim. Outro ainda, com uma sede de posse mais distinta, diria para si: "Não se deve enganar quando se pretende possuir." Ficará irritado e impaciente com a ideia que é sua máscara que comanda no coração do povo: "Portanto, é preciso que me dê a conhecer e, em primeiro lugar, é preciso que me conheça a mim mesmo." Entre os homens prestativos e benévolos, subsiste regularmente essa astúcia grosseira que começa por criar uma imagem errônea daquele a quem devem vir em auxílio. Querem, por exemplo, que "mereça" ser ajudado, que é precisamente de ajuda *deles* que necessita, que deverá se mostrar para com eles profundamente grato, apegado e submisso. Com essas ideias falsas, manipulam os indigentes como uma propriedade, pois é seu próprio desejo de propriedade que os torna prestativos e benévolos.

Esses benfeitores se mostram ciumentos quando nos encontramos com eles ou quando se vêem precedidos numa ajuda que eles estão prestes a dar. Os pais, involuntariamente, fazem dos filhos algo semelhante a eles – a isso chamam "educação". Nenhuma mãe duvida, no fundo de seu coração, que o filho é sua propriedade; nenhum pai rejeita o direito de impor ao filho suas concepções e seus juízos de valor. Em outros tempos (como entre os antigos germânicos), os pais não temiam dispor segundo seus caprichos da vida e da morte dos recém-nascidos. E como o pai, o professor, a classe social, o sacerdote, o soberano vêm em cada novo ser humano uma oportunidade incontestável de nova posse. Disso se deduz...

195

Os judeus – povo "nascido para a escravidão", como afirmava Tácito com todo o mundo antigo, "povo eleito entre os povos", como eles mesmos dizem e acreditam – os judeus realizaram esse prodígio da inversão de valores, graças ao qual a vida na terra, por alguns milhares de anos, tomou um atrativo novo e perigoso: seus profetas fundiram num só conceito os termos "rico", "ímpio", "mau", "violento", "sensual" para marcar pela primeira vez a palavra "mundo" com o sinal da vergonha. É nessa inversão de valores (da qual faz parte também a ideia de empregar a palavra "pobre" como sinônimo de "santo" e de "amigo") que reside a importância do povo judeu: com ele começa a *insurreição dos escravos na moral.*

196

Deve-se *concluir* pela existência de inumeráveis corpos obscuros ao lado do sol – corpos que nunca veremos. Seja dito entre nós, isso é um símbolo; e um psicólogo moralista não haverá de ler a escrita das estrelas a não ser como uma linguagem de símbolos e signos, que permite calar muitas coisas.

197

Nós nos equivocamos profundamente sobre o animal de rapina (por exemplo, sobre César Borgia) e também sobre a "natureza", a ponto de procurarmos uma disposição doentia ou mesmo um "inferno" inato no fundo de todas essas manifestações monstruosas e tropicais, por mais sadias que sejam: é o que fizeram até o presente todos os moralistas. Os moralistas seriam animados de ódio em relação à floresta virgem e aos trópicos? O "homem dos trópicos" deve ser desacreditado a todo custo como se fosse uma manifestação do homem doente e em decadência ou como se fosse seu próprio inferno e sua própria tortura? Por que, pois? Seria em proveito das "zonas temperadas"? Em proveito dos homens moderados? Dos "moralistas"? Dos medíocres? – Isso para servir ao capítulo *A moral como forma do medo*.

198

Todas essas morais que se referem aos indivíduos para fazer "sua felicidade", como se costuma dizer – nada mais são que conselhos de conduta com relação ao grau de perigo em que o indivíduo vive consigo mesmo; remédios contra as paixões do indivíduo, contra suas boas e más inclinações, quando essas más inclinações possuem uma vontade de potência e gostariam de dominar; grandes e pequenas astúcias ou artifícios que conservam o mofo dos remédios caseiros; remédios barrocos e irracionais na forma, porquanto são feitos para "todos, porquanto generalizam onde não é permitido generalizar; todos se expressam de modo absoluto e se consideram como absolutos; todos sazonados não só com um grão de sal, mas tornados suportáveis somente e às vezes mesmo sedutores, quando são temperados em demasia e resultam com um odor perigoso, especialmente um odor do "outro mundo". Tudo isso, do ponto de vista intelectual, não vale grande coisa e está muito longe de ser "ciência", menos ainda "sabedoria". Mas é sagacidade, ainda sagacidade e sempre sagacidade, misturada com tolice e sempre tolice – que se trate dessa indiferença ou dessa frieza de mármore opostas à impetuosidade louca das inclinações que os estoicos aconselhavam e inoculavam como remédio; ou desse estado sem riso nem lágrimas de Spinoza, da destruição das paixões por meio da análise e da vivissecção que ele preconizava tão ingenuamente; ou ainda do abaixamento das paixões a um nível inofensivo em que poderiam ser satisfeitas, do aristotelismo na moral; ou ainda da moral como desfrute das paixões voluntariamente espiritualizadas e atenuadas pelo simbolismo da arte, sob forma de música, por exemplo, ou de amor de Deus e de amor ao homem pelo amor de Deus – pois, na religião as paixões têm seu direito de cidadania, contanto que ... Finalmente, que se trate até mesmo desse abandono voluntário às paixões, como ensinaram Hafiz e Goethe, que corajosamente quiseram que as rédeas fossem soltas; dessa *licentia morum*[1], espiritual e corporal, recomendada em certos casos excepcionais dos velhos excêntricos, dos velhos ébrios que "não têm mais grande coisa a temer". Isso também serviria para o capítulo *A moral como forma do medo*.

199

Desde que houve homens, houve também rebanhos de homens (associações de famílias, comunidades, tribos, povos, Estados, Igrejas) e sempre muito obedientes em comparação com o pequeno número daqueles que mandam. Considerando, portanto, que a obediência que foi até o presente melhor e por mais tempo exercida e ensinada entre os homens, pode-se facilmente supor que, de um modo geral, cada um possui agora a necessidade inata dela, como uma espécie de *consciência formal* que ordena: "Deves absolutamente fazer tal coisa, deves absolutamente não fazer tal outra", em resumo: "Tu deves"... Essa necessidade procura se satisfazer e proporcionar um conteúdo à sua forma; de acordo com sua força, sua impaciência, sua energia agarrará sem escolha, com um apetite grosseiro, e aceitará tudo o que lhe sopram aos ouvidos aqueles que mandam, sejam eles seus pais ou mestres, leis, preconceitos de classe ou opiniões públicas. A estranha pobreza do desenvolvimento humano, o que possui de indeciso, de lento, de retrógrado e de circular, se deve a esse fato de que o instinto de obediência do rebanho foi transmitido

---

(1) Licença, permissividade dos costumes (N. do T.).

à custa da arte de mandar. Supondo que esse instinto chegue aos últimos excessos, os chefes e os independentes acabarão por faltar ou sua má consciência os fará sofrer e terão necessidade de forjar para si mesmos uma mentira, a fim de poder mandar: como se, eles também, não fizessem outra coisa que obedecer. Esse estado de coisas reina, de fato, na Europa de hoje: eu a chamo de hipocrisia moral dos governantes. Esses não sabem se proteger contra sua má consciência de outra forma que arvorando-se como executores de ordens que emanam de autoridades mais antigas ou mais elevadas (aquelas dos ancestrais, da constituição, do direito, das leis ou mesmo de Deus), ou reclamam para si opiniões e máximas do rebanho, por exemplo, como "primeiros servidores do povo", ou como os "instrumentos do bem público". Por outro lado, o homem de rebanho se dá hoje na Europa ares de ser a única espécie de homem autorizada: glorifica as qualidades que o tornam dócil, tratável e útil ao rebanho, como as únicas virtudes realmente humanas; virtudes como a sociabilidade, a benevolência, a alteridade, a aplicação, a moderação, a modéstia, a indulgência, a piedade. Mas nos casos em que seja impossível passar sem chefes, sem carneiros condutores, procura-se em nossos dias, por todos os meios, substituir os dirigentes pela justaposição de vários homens de rebanho inteligentes; é, por exemplo, a origem de todas as constituições representativas. Ora, esse jugo é, apesar de tudo, insuportável. Que bem-estar, que libertação constitui, para esses europeus, animais de rebanho, a chegada de um senhor absoluto! O efeito que produziu a aparição de Napoleão é o último grande testemunho disso – a história da influência exercida por Napoleão não está longe de ser a história da maior felicidade que esse século inteiro destilou em seus homens e em seus momentos mais preciosos.

200

O homem de um período de dissolução, no qual se mistura o sangue de várias raças, carrega em si múltiplas hereditariedades, isto é, instintos, avaliações contrárias e muitas vezes contraditórias que lutam entre si sem trégua – esse homem, o homem das culturas tardias e das luzes rompidas, será geralmente um homem fraco. Sua aspiração mais profunda será a de ver cessar a guerra que *ele encarna*; a felicidade lhe parece coincidir com uma atitude calma e meditativa (por exemplo, o espírito epicurista ou cristão). Seria para ele sobretudo a felicidade de poder se repousar, de não ser incomodado, a felicidade da saciedade, da unidade final, sob forma de "Sábado dos sábados", como diz o escritor Santo Agostinho que ele próprio era tal homem. – Mas se a contradição e a guerra agem em semelhante natureza como um aguilhão *a mais* em favor da vida; se, por outro lado, a esses instintos poderosos e irreconciliáveis se acrescem, por hereditariedade e por educação, um verdadeiro domínio e uma sutileza consumada para fazer a guerra consigo mesmo, isto é, a faculdade de se dominar e de se enganar; então se formará esse ser misterioso, inapreensível e inimaginável, esse homem enigmático, destinado a vencer e a seduzir, cujas belas expressões foram Alcibíades e César (gostaria de acrescentar a eles esse primeiro europeu, segundo meu gosto, Frederico II de Hohenstaufen), talvez Leonardo da Vinci, entre os artistas. Eles aparecem exatamente nas mesmas épocas em que o tipo mais fraco aparece em primeiro plano com sua necessidade de repouso. Os dois tipos se completam e encontram sua origem nas mesmas causas.

201

Enquanto a utilidade que reina nas apreciações de valor moral for a única utilidade para o rebanho, enquanto o olhar for unicamente voltado para a manutenção da comunidade, enquanto for encontrada a imoralidade, exata e exclusivamente naquilo que pareceria perigoso para a existência da comunidade, não pode haver "moral altruísta". Admitamos que, mesmo então, estava em uso constante nas pequenas coisas, na piedade, a eqüidade, a doçura, a reciprocidade e a ajuda mútua; admitamos que, nesse estado da sociedade, todos esses instintos, que mais tarde serão honrados sob o nome de virtudes e que se acaba por identificar praticamente com a ideia de "moralidade", já estivessem em plena ação, entretanto, nessa época não pertencem ainda ao domínio das apreciações morais – são ainda *extra-morais*. Um ato de piedade, por exemplo, na época romana mais florescente, não se qualificava nem como bom nem mau, nem moral nem imoral e, mesmo quando fosse elogiado, esse elogio era concedido com uma espécie de desprezo involuntário, desde que fosse comparado com ele um ato que servisse ao progresso do bem público, da *res publica*[1]. Enfim, "o amor ao próximo" permanecia sempre como alguma coisa de secundário, de convencional em parte, alguma coisa de quase arbitrário, se comparado com o *temor ao próximo*. Quando a estrutura da sociedade parece solidamente estabelecida em seu conjunto, assegurada contra os perigos exteriores, é esse temor ao próximo que cria novas perspectivas de apreciações morais. Certos instintos fortes e perigosos, como o espírito de empreendimento, a louca temeridade, o espírito de vingança, a astúcia, a rapacidade, a sede de dominar, que até então, do ponto de vista da utilidade pública, não haviam sido somente honrados – bem entendido sob outros designativos – mas que era necessário fortalecer e nutrir (porque se tinha constantemente necessidade deles no perigo comum, contra os inimigos comuns), esses instintos não são mais considerados desde então a não ser sob seu duplo lado perigoso – agora que os canais de derivação faltam a eles – e pouco a pouco passam a ser classificados de ignomínia, a ser chamados imorais e são abandonados à calúnia. Agora, os instintos e as inclinações contrários têm a supremacia em moral e o instinto de rebanho tira progressivamente suas consequências. Qual é a quantidade de perigo para a comunidade e para a igualdade que contém uma opinião, uma condição, um sentimento, uma vontade, uma predisposição? – É a perspectiva moral que ora é considerada, mas ainda assim, o temor é a mãe da moral. São os instintos mais elevados, mais fortes, quando se manifestam com arrebatamento, que impelem o indivíduo para fora e bem acima da média e do subsolo da consciência do rebanho – que fazem perecer a noção de autonomia na comunidade e destroem nela a fé em si mesma, o que pode ser chamada sua espinha dorsal: aí está porque esses instintos serão classificados de abjetos e serão mais caluniados. A intelectualidade superior e independente, a vontade de solidão, a grande razão já aparecem como perigos; tudo o que eleva o indivíduo acima do rebanho, tudo o que mete medo ao próximo se chama desde então

----

[1] *Coisa pública*, expressão que originou o vocábulo *república* (N. do T.).

mal. O espírito tolerante, modesto, submisso, igualitário, que possui desejos *medidos e medíocres*, conquista a fama e colhe honrarias morais. Finalmente, nas condições muito pacíficas, a ocasião e a necessidade de se impor ao sentimento a severidade e a dureza se tornam sempre mais raras; e, desde então, a menor severidade, mesmo na justiça, começa a perturbar a consciência. Uma nobreza altiva e severa, o sentimento da responsabilidade de si, chegam quase a ferir e provocam a desconfiança. O "cordeiro", melhor ainda, o "carneiro", ganham em consideração. Há um ponto de fraqueza doentia e de insipidez na história da sociedade, em que ela toma partido em favor de seu inimigo, em favor do *criminoso* e isso, séria e honestamente. Punir lhe parece, em certa medida, injusto; está certa de que a ideia de "punição" e de "obrigação de punir" lhe faz mal e a assusta. "Não basta tornar o criminoso *incapaz de prejudicar*? Por que punir? Punir é mesmo terrível!" – Com essa questão, a moral de rebanho, a moral do temor tira sua última consequência. Se pudéssemos suprimir o perigo, o motivo de temor, teríamos ao mesmo tempo suprimido essa moral: ela não se consideraria mais ela mesma necessária! – Aquele que examinar a consciência do europeu de hoje ficará sempre tirando de mil dobras e de mil esconderijos morais o mesmo imperativo, o imperativo do terror do rebanho. "Gostaríamos de que um dia não houvesse *mais nada a temer*!" Um dia! – A vontade, o caminho que conduz a isso se chama hoje, em toda a Europa, "progresso".

202

Vamos repetir aqui, a seguir, o que já dissemos tantas vezes: pois, hoje, os ouvidos não ouvem de boa vontade semelhantes verdades – *nossas* verdades. Sabemos muito bem como é injurioso quando alguém, sem disfarce nem delicadeza, conta o homem entre os animais; mas nos acusam quase de um *crime* ao empregarmos assiduamente, precisamente a respeito do homem, "ideias modernas", os termos "rebanho" e "instinto de rebanho" e outras expressões similares. Que fazer? Não podemos falar de outra forma, pois essas são, justamente, nossas novas perspectivas. Achamos que, nos principais julgamentos morais, a unanimidade reina na Europa e nos países sob a influência européia: *sabemos* evidentemente na Europa o que Sócrates confessava não saber e tudo o que a antiga e famosa serpente pretendia ensinar – "sabemos" hoje o que é bem e o que é mal. Pois bem! Nossa insistência em repetir essas coisas deve parecer duro ao ouvido e difícil de compreender: é o instinto do homem de rebanho que acredita *saber* aqui, que se glorifica a ele próprio por suas recriminações e por seus elogios e se aprova a si mesmo: é ele que irrompeu e adquiriu a preponderância sobre os outros instintos e que adquire cada dia mais, segundo a assimilação e a semelhança fisiológica sempre crescentes das quais ele é um sintoma. *A moral é hoje na Europa uma moral de rebanho.* Por conseguinte, não é, segundo nosso parecer, senão uma espécie particular de moral humana, ao lado da qual, tanto antes como depois, outras morais, sobretudo morais *superiores*, são ainda possíveis ou *deveriam sê-lo*. Mas, contra semelhante "possibilidade", contra semelhante "deveria", essa moral emprega todas as suas forças para resistir; ela diz, com uma obstinação incrível: "Eu sou a própria moral; fora de mim, não há moral!" – Sim, com a ajuda de uma religião que satisfaz aos mais sublimes desejos do rebanho e acaricia seus desejos, mesmo nas instituições políticas e sociais, uma expressão sempre visível dessa moral: o movimento *democrático* continua a herança do movimento cristão. Que seu andar seja ainda muito lento e muito adormecido para os impacientes, para os doentes, para os monomaníacos desse instinto, é o que provam os gritos sempre mais furiosos, o ranger de dentes sempre menos dissimulado dos anarquistas, esses cães que rosnam hoje nas sarjetas da cultura européia: julga-se que eles se opõem aos democratas pacíficos e trabalhadores, aos ideólogos da revolução e, mais ainda, aos filosofastros desajeitados, entusiastas da fraternidade, que se intitulam socialistas e que querem a "sociedade livre", mas na realidade todos estão unidos numa hostilidade radical e instintiva contra toda forma de sociedade que não seja aquela do rebanho *autônomo* (que chega até a recusar as ideias de "senhor" e de "servo" – *nem deus nem senhor*, diz uma fórmula socialista); estão unidos numa resistência encarniçada contra toda pretensão individual, contra todo direito particular, contra todo privilégio (isto é, no final das contas, contra todo direito, pois, se todos os homens são iguais, ninguém mais tem necessidade de "direitos"); estão unidos na desconfiança para com a justiça repressiva (como se ela fosse uma violação dos fracos, uma injustiça para com a consequente *lógica* de todas as sociedades passadas); estão também unidos na religião da piedade, da simpatia para com tudo o que sente, o que vive e o que sofre (para baixo, até o animal; para o alto, até "Deus" – o excesso de "piedade por Deus" pertence a uma época democrática); todos unidos ainda no grito de impaciência da compaixão, num ódio mortal contra todo sofrimento, numa incapacidade quase feminina de ser espectadores quando se sofre, de deixar sofrer; unidos no obscurecimento e no relaxamento involuntários que parecem ameaçar a Europa com um novo budismo; unidos na fé na moral da piedade *coletiva*, como se essa moral fosse a moral em si, o cume, o topo que o homem realmente atingiu, a única esperança do futuro, o consolo do presente, a grande remissão de todos os erros dos tempos passados – todos unidos na crença da comunidade *redentora*, na crença do rebanho, portanto, "em si"...

203

Nós que temos outra crença – nós que consideramos o movimento democrático não só como uma forma de decadência da organização política, mas também como uma forma de decadência do homem, isto é, de amesquinhamento, como o nivelamento do homem e sua diminuição de valor: para onde *deveríamos* dirigir nossa esperança? – Para *novos filósofos* – não temos escolha; para os espíritos bastante fortes e bastante novos para provocar apreciações opostas, para inverter os "valores eternos"; devemos nos dirigir para os precursores, para os homens do futuro, os quais presentemente devem formar o núcleo para forçar a vontade de milhares de anos a entrar em *novos* caminhos. Ensinar ao homem que seu futuro é sua *vontade,* que é caso de uma vontade humana preparar as grandes tentativas e as experiências gerais de disciplina e de seleção para pôr fim a essa espantadora dominação do absurdo e do acaso que, até o presente, foi chamada "história"– o contra-senso do "número máximo" não passa de sua última forma. Para realizar isso, será necessária um dia uma nova espécie de filósofos e de governantes, cuja imagem poderia muito bem fazer parecer ternos e medíocres todos os espíritos dissimulados, terríveis e benevolentes que houve até o presente na terra. É a imagem desses governantes que reluz diante de *nossos* olhos. Posso ainda falar disso em voz alta, ó espíritos livres? – As circunstâncias que seria necessário criar em parte e em parte utilizar para sua formação; os caminhos e as pesquisas hipotéticas pelas quais uma alma se eleva a uma altura e a uma força bastante grandes para compreender a *coação* de semelhante incumbência; uma transmutação dos valores, que enganaria novamente a consciência do homem, transformaria seu coração em bronze, para levá-lo a suportar o peso de semelhante responsabilidade; por outro lado, a necessidade de semelhantes guias, os espantosos riscos a correr se esses guias começarem a falhar, a degenerar ou a se corromper – esses são os cuidados reais que nos oprimem, vocês sabem disso, ó espíritos livres! Esses são os pensamentos distantes, pesados como as tempestades suspensas no céu de *nossa* vida. Poucas dores se comparam àquela de ver um homem extraordinário sair de seu caminho e degenerar, de adivinhar e sentir esse desvio. Mas aquele cujo olho raro sabe discernir o perigo geral da *degenerescência* do "próprio homem", aquele que, semelhante a nós, reconheceu o enorme acaso que até aqui fez do futuro do homem um jogo – um jogo em que não intervém a mão, nem mesmo o "dedo de Deus"! – aquele que adivinha a fatalidade oculta na estúpida candura e na cega confiança das "ideias modernas", mais ainda em toda a moral cristã européia: esse sofre de uma ansiedade semelhante a nenhuma outra, pois abarca com um olhar tudo o que se poderia *extrair ainda do homem*, suscitando uma reunião e um acréscimo favoráveis das forças e dos deveres, sabe, com toda a intuição de sua consciência, quantas possibilidades residem ainda no homem, com quanta frequência o tipo homem já se encontrou diante de decisões misteriosas e diante de caminhos novos: – sabe ainda mais, de acordo com suas lembranças mais dolorosas, contra que obstáculos miseráveis se chocaram lamentavelmente até hoje os futuros mais elevados. A *degenerescência universal do homem* que desce até esse grau de abaixamento que os socialistas cretinos consideram como o "homem do futuro" – seu ideal! – essa degenerescência e esse amesquinhamento do homem até o perfeito animal de rebanho (ou, como dizem, ao homem da "sociedade livre"), esse embrutecimento do homem até o homúnculo dos direitos iguais e das pretensões igualitárias – sem dúvida nenhuma, essa degenerescência é *possível*! Aquele que meditou nessa possibilidade, até as últimas consequências, conhece um desgosto que os outros homens não conhecem e talvez conheça também um novo *dever*!

SEXTA PARTE
Nós, os Doutos

204

Correndo o risco de ver, aqui também, o costume de moralizar se trair por aquilo que sempre foi – uma maneira intrépida de *mostrar suas chagas*, segundo a expressão de Balzac – ousaria me levantar contra uma inconveniente e funesta interversão de categorias que hoje, sem notar e como que conscientemente, ameaça se estabelecer entre a ciência e a filosofia. Acredito que pela própria experiência – experiência significa sempre, na verdade, triste experiência – se deve ter o direito de dizer a própria palavra nessa questão de elevada hierarquia, para não falar das cores como um cego ou *contra* a ciência, como as mulheres e os artistas. ("Oh! essa maldita ciência, suspiram seu instinto e seu pudor, sempre chega para desvendar as coisas!"). A declaração de independência do homem de ciência, sua emancipação da filosofia, esses são os mais sutis produtos da ordem e da desordem democráticas. A presunção e a glorificação de si mesmo estão hoje em toda parte no douto em plena floração primaveril, pelo que não deveria se entender que o auto-elogio tenha um bom odor. "Chega de patrões!" é ainda o grito do instinto plebeu e a ciência, depois de se ter defendido com um sucesso estrondoso da teologia, da qual foi por longo tempo a "serva", pretende agora, com uma absurda arrogância, ditar leis à filosofia e tenta, por sua vez, fazer o papel de "senhor" – que digo! do *filósofo*. Minha memória – a memória de um homem de ciência, com a devida permissão, está saturada de ingenuidades orgulhosas que fiquei surpreso, com relação à filosofia e aos filósofos, estar na boca dos jovens naturalistas e dos velhos médicos (sem falar dos mais eruditos e dos mais presunçosos de todos os doutos, os filólogos e os pedagogos que possuem essas qualidades graças à sua profissão). Ora era o especialista, o homem de horizonte limitado, que se punha em guarda instintivamente contra todos os deveres e faculdades sintéticas, orà era o trabalhador diligente que havia respirado um odor de *ociosidade* na economia moral do filósofo, como um certo sibaritismo distinto, e que se sentia lesado e diminuído com isso. Ora ainda era a cegueira do homem do útil que não via na filosofia senão uma série de sistemas *refutados* e uma prodigalidade que não "beneficiava" ninguém. Ora também surgia o temor de um misticismo disfarçado e de uma traidora limitação da consciência, ou era o desprezo de certos filósofos que, involuntariamente, evoluía para um desprezo geral que abraçava toda a filosofia. Finalmente, no mais das vezes, encontrei no jovem instruído, sob o desprezo orgulhoso da filosofia, a má influência de um só filósofo a quem se havia recusado toda obediência quanto a suas opiniões gerais, mas sem se subtrair da tirania de sua apreciação desdenhosa dos outros filósofos. E o resultado desse estado de espírito se traduzia por um descrédito geral de toda a filosofia. (Tal me parece, por exemplo, a influência tardia de Schopenhauer na nova Alemanha – por seu furor pouco inteligente contra Hegel, chegou a separar a última geração de alemães de seu laço com a cultura alemã, cultura que, bem examinada, havia produzido uma elevação e uma sutileza divinatória do *sentido histórico*. Ora, nesse aspecto, Schopenhauer era pobre, insensível anti-alemão até a genialidade.) Considerando bem tudo, talvez seja antes de tudo o lado "humano, demasiado humano", isto é, a pobreza dos filósofos modernos que tenha prejudicado mais radicalmente o respeito à filosofia e tenha aberto a porta para os instintos plebeus. Há que dar-se conta, portanto, como nosso mundo moderno está distanciado da espécie de filósofos como Heráclito, Platão, Empédocles e de todos esses solitários do espírito, soberbos e régios, e como um digno homem de ciência pode se sentir hoje, *com todo o direito*, de melhor nascença e de espécie mais nobre que esses representantes da filosofia que, hoje, graças à moda, estão em ótima condição de vida – cito, por exemplo, na Alemanha, os dois leões de Berlim, o anarquista Eugênio

Dühring e o amalgamista Eduardo von Hartmann. É sobretudo o espetáculo desses filósofos da embrulhada – eles se chamam "filósofos da realidade" ou "positivistas" – que é capaz de injetar uma perigosa desconfiança na alma de um erudito jovem e ambicioso. Esses são, na melhor das hipóteses, instruídos e cientistas, é a mais perfeita evidência! Todos, por mais que sejam, se assemelham a vencidos, *conduzidos* sob o jugo da ciência, são homens que outrora aspiraram a obter *mais* de si próprios, sem ter um direito a esse "mais" e à responsabilidade que comporta. Mas agora, como são honrados, rancorosos e vingativos em palavras e atos, representam a *incredulidade* quanto à função diretiva e à supremacia que incumbem à filosofia. Finalmente, como poderia ser de outro modo? A ciência hoje é florescente, sua boa-fé está escrita em seu rosto, enquanto que essa coisa em que caiu pouco a pouco toda a filosofia moderna, o que resta de filosofia hoje, atrai a desconfiança e o mau humor, senão a zombaria e a compaixão. A filosofia reduzida à "teoria do conhecimento" não é mais, na realidade, do que uma tímida *abstinência* e uma *teoria da temperança*, uma filosofia que fica à soleira e se recusa rigorosamente o direito de entrar – é a última hora da filosofia, é um fim, uma agonia, alguma coisa que causa piedade. Como semelhante filosofia poderia, portanto... *dominar*?

205

Os perigos que ameaçam o desenvolvimento do filósofo são, na verdade, tão múltiplos hoje que se poderia duvidar da possibilidade, para esse fruto, de chegar à maturidade. O domínio das ciências aumentou e as torres que levantaram se multiplicaram numa maneira prodigiosa. Ao mesmo tempo, era cada vez mais provável que o filósofo, já fatigado do estudo, permanecesse fixo num ponto e se deixasse "especializar", de modo que não haveria mais de atingir a altura que lhe é necessária para chegar a uma visão de conjunto e circular, uma altura suficiente para lhe permitir de lançar um olhar para *baixo*. Ou chega a ela demasiado tarde, quando já passaram sua juventude e seu pleno vigor, quando já estiver desgastado, entorpecido, caduco, o que faz com que sua visão, sua avaliação geral não tenham mais valor. É talvez justamente a delicadeza de sua consciência intelectual que o faz hesitar e se deter pelo caminho. Teme a sedução que o levaria a ser diletante, a estabelecer por toda parte mãos e antenas; sabe muito bem que aquele que perdeu o respeito por si próprio não sabe mais nem comandar nem *conduzir*, enquanto conhecedor, a menos que aspire a tornar-se grande comediante, um Cagliostro da filosofia, um encantador de ratos, numa palavra, um sedutor. Isso seria, em última análise, uma questão de gosto, se não fosse uma questão de consciência. A isso se acrescenta, para aumentar ainda as dificuldades em que se debate o filósofo, que este requer de si mesmo um juízo, um sim ou um não, não acerca da ciência, mas sobre a vida e sobre o valor da vida. Dificilmente chega a se persuadir que tem um direito ou mesmo um dever a esse respeito e, muitas vezes interdito, cheio de dúvidas e de hesitação, é reduzido a procurar seu caminho para esse direito e essa crença, unicamente com a ajuda das mais vastas experiências, por vezes as mais perturbadoras e as mais destruidoras. De fato, a multidão desconheceu por muito tempo o filósofo, trocando-o seja pelo homem de ciência, o ideal do sábio, seja pelo sonhador religioso, planando acima do mundo, desprezando os sentidos, inebriado de Deus. Se lhe acontecer hoje de ouvir elogiar alguém porque leva uma vida de "sábio", uma "vida de filósofo", isso não quer realmente dizer outra coisa senão que ele é "prudente" e que vive "retirado". Sabedoria é, para o povo, uma espécie de fuga prudente, um meio hábil para "se livrar a baixo custo do embaraço". Mas o verdadeiro filósofo – não é esse nosso parecer, meus amigos? – o verdadeiro filósofo vive de uma forma "não filosófica", "não sábia" e, antes de tudo, *irracional*. Sente o peso e o dever de milhares de tentativas e tentações da vida. Ele se arrisca constantemente, joga pesado...

206

Comparado a um gênio, isto é, a um ser que gera ou procria, os dois termos tomados em seu sentido mais amplo, o sábio, o homem de ciência média, tem sempre algo da solteirona, pois, como ela, não entende nada dessas duas funções, as mais importantes do homem: gerar e dar à luz. E, na verdade, concede-se a ambos, ao sábio e à solteirona, a respeitabilidade em forma de compensação – deve ser sublinhada sua respeitabilidade – e, forçado a essa compensação, mistura-se nela uma dose de desgosto. Vamos examinar as coisas de perto. O que é o homem de ciência? Em primeiro lugar, uma espécie de homem sem nobreza, com as virtudes de um ser que não pertence à espécie que possui a autoridade, um ser que não se basta a si mesmo: é trabalhador e sabe guardar seu lugar nas classes, tem unidade e medida naquilo que sabe; tem o instinto daquilo que é seu similar e das necessidades de seu semelhante, por exemplo, essa necessidade de um tanto de independência e de verdes prados, sem os quais não poderia ter serenidade no trabalho; essa aspiração às honras e à consideração (que antes de tudo supõe que se reconheçam seus méritos e que é capaz de fazer reconhecer), essa auréola de boa fama, essa constante ratificação de seu valor e de sua utilidade, por meio das quais a *desconfiança* íntima que jaz no fundo do coração de todos os homens dependentes e dos animais sociáveis deve ser permanentemente vencida. O erudito, como é natural, é também afligido por doenças e defeitos de uma raça sem nobreza. Rico em mesquinharias, possui um olho de lince para os lados fracos dessas naturezas de elite, cuja altura não pode alcançar. É confiante, mas somente como alguém que se deixa levar e não para *vencer*, será tanto mais frio e descartado pelos homens da grande corrente – então seu olho deverá se apresentar como a superfície calma e enfadonha de um lago, onde não aparece mais a menor onda de entusiasmo e de simpatia. Se o sábio é capaz de coisas más e perigosas, isso revela o instinto de mediocridade inerente à sua espécie, a esse jesuitismo da mediocridade que trabalha instintivamente na destruição do homem superior e procura despedaçar ou, melhor ainda, distender todos os arcos que estão distendidos. De fato, *distender*, distender com deferência, com uma mão delicada, bem entendido, com uma mão compassiva e confiante, é a arte própria do jesuitismo que sempre se fez passar como a religião da piedade.

207

Qualquer que seja o reconhecimento que se deve manifestar ao espírito *objetivo* – e quem, pois, não ficaria enojado até a morte pela subjetividade e por sua maldita *ipsissimosidade*?[1] – deve-se, contudo, ter cautela com esse reconhecimento e seus excessos, pois leva a glorificar hoje a abnegação e a impersonalidade, como se essas qualidades representassem o objetivo por excelência, alguma coisa como a salvação e a transfiguração: como aquilo que acontece principalmente na escola pessimista, a qual tem, de resto, todos os seus bons motivos para decretar a honra máxima para o "conhecimento desinteressado". O homem objetivo, que não blasfema nem injuria mais como o pessimista, o erudito *ideal* que encarna o instinto científico chegado à sua plena floração, depois de milhares de semidesastres e desastres completos, é certamente um instrumento precioso entre todos, mas é preciso que esteja nas mãos de alguém mais poderoso que ele. São apenas um instrumento, digamos um *espelho*, não objetivos em si mesmo. O homem objetivo é realmente um espelho; habituado a sujeitar-se a tudo aquilo que deve ser conhecido, sem outro desejo, além daquele que dá conhecimento, que "reflete" – espera sempre que algo aconteça e então se distende delicadamente, a fim de que os mais leves indícios e o roçar dos seres espirituais não se percam em sua escorregadia superfície. Aquilo que ainda lhe resta de "pessoal" lhe parece fortuito, muitas vezes arbitrário, mais frequentemente incômodo, como reflexo de formas e acontecimentos estranhos. Ele se lembra a si mesmo com esforço, frequentemente de uma forma falsa; ele se toma facilmente por outro, se engana sobre suas próprias necessidades e é somente então que é negligente e indelicado. Talvez esteja atormentado por sua saúde ou pela mesquinharia e estreiteza que reinam em sua mulher e em seus amigos ou pela falta de amigos e de companhia – ele se oprime então em refletir sobre seu próprio sofrimento, mas é em vão! Seu pensamento já voa para longe, levado para as ideias *gerais* e amanhã saberá tão pouco quanto sabia ontem que decisão tomar para sair disso. Desaprendeu a se levar a sério, não tem mais tempo para si próprio; está contente, *não* pela ausência de miséria, mas por falta de poder tocar

....
[1] Em alemão, *Ipsissimosität*, termo derivado do latim *ipse*, si mesmo, com o sentido, no texto e contexto, de si mesmo acima de tudo (N. do T.).

e administrar sua miséria. Sua condescendência habitual para com tudo, para com todo acontecimento, a hospitalidade serena e imparcial que o leva a acolher tudo o que ataca, sua benevolência indiferente, seu perigoso descuido do sim e do não, ai! todas essas virtudes, das quais muitas vezes deve se arrepender e, como homem sobretudo, se torna muito facilmente o *caput mortuum*[(2)] dessas virtudes. Se dele se requer amor e ódio – entendo amor e ódio como os compreendem Deus, a mulher e o animal – ele fará aquilo que puder e dará o que puder. Mas não há por que se surpreender se isso não for grande coisa – se ele se mostrar aqui justamente falso, frágil, emotivo e incerto. Seu amor é voluntário, seu ódio é artificial, uma simples *habilidade*, uma pequena vaidade, um leve exagero. Não é natural a não ser quando pode ser objetivo: não fica "natureza" e "natural" a não ser em seu totalismo sereno. Sua alma transparente que é polida sem cessar não pode mais afirmar, não pode mais negar; ele não comanda; ele tampouco destrói. *Eu não desprezo quase nada* – diz com Leibniz! Observe-se bem esse *quase*. Não é tampouco um modelo de homem; não precede nem segue ninguém; fica geralmente bem distante para ter razões de tomar partido entre o bem e o mal. Se por tanto tempo foi confundido com o *filósofo,* com o homem violento e o criador superpoderoso da cultura, foi-lhe atribuída demasiada honra e não se reconheceu o essencial de sua natureza: é um instrumento, uma espécie de escravo, na verdade um escravo sublime em seu gênero, para si mesmo não é nada – *quase nada*. O homem objetivo é um instrumento, um precioso instrumento para medir, que se perturba e se desgasta facilmente, um espelho admirável que deve ser olhado com cuidado e honrar, mas não é um objetivo; ele não é nem um fim nem um começo; não é um homem que completa, em que o *resto* da existência se justifica, não é uma conclusão – e menos ainda um começo, uma criação, uma causa primeira; nada existe nele que seja áspero, poderoso, baseado nele mesmo, nada que queira ser senhor. É, antes, um recipiente de vidro delicadamente soprado, com contornos sutis e movimentados, que deve esperar o advento de um conteúdo qualquer para tomar forma. É geralmente um homem sem conteúdo, um homem "sem si". Consequentemente, um não-valor para a mulher, *entre parênteses.*

....

(2) Expressão latina que significa *resto, saldo.*

208

Se um filósofo afirma hoje que não é um cético – espero que essa conclusão decorra da descrição do espírito objetivo, feita há pouco – todos ouvem isso com desprazer; é examinado com certa apreensão, muitos gostariam de interrogá-lo sobre muitas coisas... E, entre os ouvintes temerosos, que hoje abundam, passa logo a ser considerado um perigoso. Parece-lhes que esse repúdio do ceticismo provoca ao longe um rumor ameaçador e de mau augúrio, como se em algum lugar estivessem fazendo experiências com nova matéria explosiva, uma dinamite do espírito, alguma "niilina" russa desconhecida até o momento, um pessimismo *bonae voluntatis*[1] que não só nega, exige um "não" que – coisa horrível até para pensar – põe a negação em prática. Contra essa espécie de "boa vontade" – vontade da negação real e efetiva da vida – não há hoje, sabe-se disso, melhor calmante, melhor soporífero que o ceticismo, essa doce papoula que provoca torpor benéfico e os médicos de nossos dias prescrevem até mesmo a leitura de *Hamlet* contra as agitações subterrâneas do espírito. "Não temos já os ouvidos cheios de barulhos alarmantes?", diz o cético, amigo do repouso, espécie de agente da segurança: "Essa negação subterrânea é terrível! Calem-se, portanto e finalmente, toupeiras pessimistas!" Com efeito, o cético, esse ser delicado, se amedronta facilmente; sua consciência está pronta a se sobressaltar a um não e mesmo a um sim resoluto e duro, pronta a sentir qualquer coisa como uma mordida. Sim e não! – Isso lhe parece imoral; gosta, ao contrário, de festejar sua virtude com uma nobre continência, dizendo com Montaigne: "Que sei eu?" ou com Sócrates "Sei que não sei nada", ou ainda: "Desconfio de mim mesmo, nenhuma porta se abre para mim aqui"; ou "Supondo que fosse aberta, por que seria necessário entrar?" Ou ainda: "Para que servem as hipóteses apressadas? Abster-se das hipóteses poderia ser uma prova de bom gosto. É necessário absolutamente endireitar algo que está torto? Tapar todas as aberturas com uma estopa qualquer? Não há tempo para isso? O tempo não tem tempo? Ó homens diabólicos, não podem *esperar*? Mesmo o incerto tem seus atrativos, a própria esfinge é uma Circe e a própria Circe era uma filósofa". – Assim se consola o cético

---

(1) Expressão latina que significa *de boa vontade* (N. do T.).

e de fato ele precisa de algum consolo. Na realidade, o ceticismo é a forma mais espiritual de uma certa condição fisiológica de múltiplos aspectos que, na linguagem popular, se denomina debilidade nervosa ou estado mórbido; se manifesta sempre que raças ou condições sociais, longamente afastadas umas das outras, se misturam de uma forma decisiva e repentina. Na nova geração, que tem no sangue medidas e valores diversos, tudo é comoção, perturbação, dúvida, tentativa. As forças mais elevadas têm um efeito restritivo, as próprias virtudes não se permitem mutuamente crescer e adquirir força; no corpo e na alma faltam o equilíbrio, o centro de gravidade, a segurança perpendicular. Mas o que, entre semelhantes misturas, está doente e degenerado é a *vontade*. A independência das resoluções, o prazer ousado do querer lhe são praticamente desconhecidos – duvidam do "livre-arbítrio", mesmo em seus sonhos. Nossa Europa contemporânea, esse lar de um esforço repentino e irrefletido, para misturar radicalmente as classes e, por conseguinte, as raças, é, por isso mesmo, cética de alto a baixo na escala, ora animada desse ceticismo nobre que, impaciente e lascivo, salta de um ramo a outro, ora perturbada e como que obscurecida por uma nuvem de perguntas – e às vezes cansada de sua vontade de morrer! Paralisia da vontade, onde não se encontra hoje essa enfermidade? E às vezes é encontrada até mesmo maquiada, com aparências sedutoras! Para ocultar essa moléstia, recorre-se a hábitos de aparato, aparências mentirosas; por exemplo, o que se expõe hoje sob o nome de "objetividade", de "espírito científico", de "*arte pela arte*", de "conhecimento puro, independente da vontade", tudo isso não é senão ceticismo dissimulado, a paralisia da vontade que se disfarça – eu me apresento como garante dessa doença européia. – A doença da vontade se propagou pela Europa de uma forma desigual; ela ataca com mais força e sob os aspectos mais variados onde a civilização se aclimatou há mais tempo; ela se esfuma onde o "bárbaro" consegue manter – ou a reimpor – seus direitos sobre o vestuário negligente da civilização ocidental. Em decorrência disso, é na França contemporânea, como é fácil perceber e apalpar com as próprias mãos, que a vontade está mais doente; e a França, que sempre possuiu uma habilidade soberana para apresentar, sob uma forma atraente e sedutora, até os rodeios mais nefastos de seu espírito, impõe hoje sua supremacia cultural à Europa, no excesso de seu gênio nacional, como a verdadeira escola e o teatro do ceticismo. A força do querer, a força do querer por muito tempo num mesmo sentido, já é um pouco mais acentuada na Alemanha, mais na Alemanha do norte, menos na Alemanha central; muito mais forte na Inglaterra, na Espanha e na Córsega, lá graças à fleuma, aqui graças à cabeça dura – sem falar da Itália que é muito jovem para saber ainda o que quer e que deverá, por outro lado, mostrar em primeiro lugar se pode querer. – Mas a vontade é mais forte e mais surpreendente nesse prodigioso império do meio, onde a Europa reflui por assim dizer em direção da Ásia – na Rússia. É lá que a vontade latente é há muito tempo comprimida e acumulada, lá que a vontade – não se sabe se será afirmativa ou negativa – espera de uma forma ameaçadora o momento em que será liberada para emprestar sua palavra favorita aos físicos de hoje. Não é somente à guerra com a Índia, nem às complicações na Ásia que a Europa deveria pedir para protegê-la contra o perigo mais sério que a ameaça, mas a uma inversão interior, a uma explosão que esmigalhasse o império e sobretudo à importação do absurdo parlamentar, com a obrigação para todos de ler o jornal na hora do café da manhã. Esse não é um desejo que formulo, muito pelo contrário, pois gostaria de ver um tal crescimento da ameaça russa que a Europa devesse se decidir em se tornar ameaçadora por sua vez, adquirir, por meio de uma nova casta que viesse a regê-la, uma vontade única, formidável, capaz de perseguir um objetivo durante milhares de anos, a fim de pôr um termo à demasiado longa comédia de sua pequena política e a suas mesquinhas e inumeráveis vontades dinásticas ou democráticas. O tempo da pequena política passou: o século que já se anuncia traz em si a luta pelo domínio do mundo – e a *obrigação* da grande política.

209

Até que ponto a nova era belicosa, na qual evidentemente nós europeus entramos, pode favorecer o desenvolvimento de um ceticismo de espécie diferente e mais forte? Provisoriamente, eu me contento com uma comparação que será compreendida pelos amigos da história alemã. Esse rei da Prússia, entusiasta incondicional dos belos granadeiros de alto porte, que deu vida a um gênio militar e cético, tornado precisamente hoje o tipo vencedor e dominante do alemão – esse pai bizarro e louco de Frederico, o Grande, possuía ainda o golpe de vista e a garra afortunada do gênio. Sabia o que faltava então à Alemanha, conhecia essa penúria cem vezes mais angustiante e mas urgente que a falta de cultura e de boas maneiras, por exemplo – sua antipatia pelo jovem Frederico provinha da angústia de um instinto profundo. *Faltavam homens;* e ele suspeitava com amargo pesar que seu próprio filho não fosse bastante homem. Nisso se enganava, mas quem em seu lugar não se teria enganado? Via em seu filho uma presa do ateísmo, do espírito, da leviandade epicurista e espiritual dos franceses, suspeitava em segundo plano da grande sanguessuga, da aranha do ceticismo; pressentia a miséria incurável de um coração que não é mais bastante duro, nem para o mal nem para o bem, de uma vontade alquebrada que não comanda mais e não *pode* mais comandar. Entretanto, crescia em seu filho essa nova espécie mais perigosa e mais radical de ceticismo – quem sabe *quanto* favorecida pelo ódio do pai e pela melancolia glacial de uma vontade reduzida à solidão – o ceticismo da audaciosa virilidade, parente próximo do gênio da guerra e da conquista, que fez sua primeira irrupção na Alemanha com Frederico, o Grande. Esse ceticismo despreza e no entanto atrai; acaricia e toma posse; é sem fé, mas não se perde por isso; dá ao espírito uma liberdade perigosa, mas segura firmemente o coração nas rédeas; é a forma *alemã* do ceticismo que, sob a forma de um fredericianismo crescente, levado a seu supremo grau de espiritualização manteve durante muito tempo a Europa sob o império do espírito alemão e de sua desconfiança crítica e histórica. Sob a pressão desse caráter viril, forte e tenaz, próprio dos grandes filólogos alemães e dos críticos históricos alemães (os quais, na verdade, eram também artistas de destruição e de decomposição), uma nova concepção do espírito alemão se fixou, pouco a pouco, apesar do romantismo na música e na filosofia, uma concepção cujo traço dominante era um ceticismo viril, figurado por exemplo pela intrepidez do olhar, pela ousadia e pela dureza da mão que analisa, pela vontade tenaz nas explorações perigosas, pelas expedições temerárias para o pólo norte, sob céus ameaçadores e desolados. Os homens humanitários, ardentes ou superficiais, tiveram boas razões para partir para a guerra contra esse espírito: *Esse espírito fatalista, mefistofélico*, como o chama, não sem ter calafrios, Michelet. Mas se se deseja compreender quanta distinção há nesse temor do "homem" no espírito alemão, pelo qual a Europa foi despertada de seu "sono dogmático", basta lembrar do antigo conceito que teve de ser vencido por meio desse espírito. Em época não muito distante, uma mulher virilmente dotada ousou, com uma arrogância suprema, recomendar aos interesses da Europa os alemães, esses grosseiros de coração terno, de vontade fraca e de natureza poética. Que se pense muito bem sobre o assombro de Napoleão ao ver Goethe. Esse espanto deixa adivinhar o que se havia suposto que fosse, durante séculos, o espírito alemão. *Eis um homem*! – mas isso queria dizer: mas é um *homem*! E eu esperava apenas ver um alemão!

210

Admitindo, portanto, que, na imagem dos filósofos do futuro, um traço qualquer deixe entrever que são céticos, no sentido indicado anteriormente, apenas seria assinalada uma de suas particularidades – não os teríamos caracterizado com isso. Teriam todo o direito de ser chamados críticos, pois serão certamente homens votados a experiências. Pelo nome com que ousei batizá-los sublinhei expressamente a tentativa e o prazer da tentativa: isso porque, críticos de corpo e alma, gostam de se valer dos experimentos num sentido novo, talvez mais amplo, talvez mais perigoso? Devem, em sua paixão de conhecer, levar as experiências temerárias e dolorosas até a ofensa do gosto efeminado e insípido de um século democrático? – Sem dúvida: esses homens do futuro não poderão passar sem qualidades severas e sem perigo que distinguem o crítico do ceticismo, ou seja, a segurança na apreciação, o manejo consciente de um método em sua unidade, a coragem desimpedida, a energia suficiente para se manter distanciado, para assumir a responsabilidade de seus próprios atos; sim, eles confessam em si uma inclinação a negar e a analisar e uma certa crueldade proposital que sabe manejar a faca com segurança e maestria, mesmo quando o coração sangra. Serão mais *duros* (e nem sempre só contra si mesmos) que os homens humanos o desejassem; não procurarão a verdade porque essa lhes "agrada", os "enleva" e os "entusiasma" – pelo contrário, estarão longe de acreditar que a *verdade*, justamente, reserve tanto prazer pelo sentimento. Sorrirão, esses espíritos severos, quando alguém disser diante deles: "Esse pensamento me enleva, como não seria verdadeiro?" Ou: "Essa obra me encanta, como poderá não ser bela?" Ou ainda: "Esse artista me exalta, como poderia não ser grande?" – Talvez não se limitem somente a um sorriso, mas sentirão um verdadeiro desgosto – diante dessas futilidades romanescas, idealistas, efeminadas, hermafroditas e quem pudesse segui-los até o secreto de seu foro interior teria alguma dificuldade em descobrir nele a intenção de conciliar os "sentimentos cristãos" com o "gosto antigo" ou com o "parlamentarismo moderno" (aproximação que se encontra mesmo em filósofos de nosso século, século desprovido de instintos e, por conseguinte, muito conciliador). A disciplina crítica e todo hábito que leva à propriedade e à severidade nas coisas do espírito, esses filósofos do futuro não os exigem somente deles mesmos: poderiam ostentá-los à maneira de ornato – mas, apesar de tudo, não desejarão ser tratados pelo designativo de críticos. A seus olhos pareceria que é uma verdadeira afronta à filosofia decretar, como se faz hoje: a própria filosofia é uma crítica, uma ciência crítica – e nada mais que isso! Talvez essa avaliação da filosofia encontre o aplauso de todos os positivistas da França e da Alemanha (e pode ser que recebesse ainda a gratidão e o contentamento de Kant: basta lembrar os títulos de suas principais obras), nossos novos filósofos dirão, apesar de tudo: os críticos são os instrumentos do filósofo e como tais, não são filósofos. O grande chinês de Koenigsberg não era ele próprio mais que um grande crítico.

211

Insisto em que se deve deixar de confundir os trabalhadores filosóficos e, em geral, os homens de ciência com os filósofos – que aqui sobretudo é necessário observar estritamente a regra: a cada um o que lhe é devido e não dar àqueles demais, a estes muito pouco. Pode ocorrer que seja necessário, para a educação do verdadeiro filósofo, que este tenha ele próprio escalado os degraus onde seus servidores, os operários cientistas da filosofia estão parados – e *devem* permanecer parados; também ele próprio deve ter sido crítico, cético, dogmático, historiador e também poeta, compilador, viajante, adivinhador de enigmas, moralista, vidente, "espírito livre", ter sido quase tudo enfim para percorrer o círculo dos valores humanos e do sentimento dos valores, para *poder* olhar, com olhos e uma consciência dotados de faculdades múltiplas, olhar da altura para todos os lugares distantes, da profundeza para todas as alturas, de um canto para todos os locais afastados. Mas tudo isso não representa senão as condições primeiras de sua tarefa; essa tarefa quer outra coisa ainda – exige que ele *crie valores*. Todos os operários filosóficos, plasmados segundo o nobre modelo de Kant e de Hegel, têm por função fixar e reduzir a fórmulas um vasto estado de valores – isto é, de *valores estabelecidos*, criados antigamente, que se tornaram predominantes e, durante um certo tempo, chamados "verdades" – valores no domínio *lógico, político* (moral) ou *artístico*. Compete a esses investigadores tornar visível, inteligível, palpável, manejável tudo aquilo que passou e que foi estimado até o presente, encurtar tudo aquilo que é longo, o próprio "tempo", e *subjugar* todo o passado: função prodigiosa e admirável, a serviço da qual todo orgulho delicado, toda vontade tenaz podem encontrar satisfação. *Mas os verdadeiros filósofos têm por missão comandar e legislar*. Eles dizem: "Deve ser assim!" Determinam primeiramente a direção e o porquê do homem e dispõem para isso do trabalho preparatório de todos os operários filosóficos, de todos os dominadores do passado – agarram o futuro com uma mão criadora e tudo aquilo que é e foi lhes serve de meio, de instrumento, de martelo. Sua "investigação do conhecimento" é *criação*, sua criação é legislação, sua vontade de verdade é... *vontade de potência*. – Existem hoje semelhantes filósofos? Não é *necessário* que existam semelhantes filósofos?...

212

Parece-me cada vez mais certo que o filósofo, em sua qualidade de homem *necessário* do amanhã e do depois de amanhã, tenha sempre estado e tenha *devido* estar sempre em contradição com sua época: seu inimigo foi constantemente o ideal de hoje. Até agora, todos esses promotores extraordinários do homem, que são chamados filósofos e que eles próprios raramente se consideraram como amigos da sabedoria, mas antes como loucos insuportáveis e enigmas perigosos – tiveram como tarefa (tarefa difícil, involuntária, inevitável) ser a má consciência de sua época, até encontrar nela grandeza. Levando precisamente a faca vivissectora na garganta das *virtudes da época,* revelaram seu próprio segredo: conhecer no homem uma *nova* grandeza, uma via nova e inexplorada que o conduzisse a seu engrandecimento. Revelaram cada vez quanta hipocrisia, comodidade, deixar correr, deixar cair, quantas mentiras se escondiam no tipo mais respeitado da moralidade contemporânea, quantas virtudes haviam conseguido *sobreviver*. Toda vez diziam: "Devemos sair, percorrer as regiões onde vocês são menos considerados." Em presença de um mundo de "ideias modernas" que gostaria de confinar cada um em seu canto, em sua especialidade, o filósofo – se atualmente pudessem existir filósofos – seria obrigado a colocar a grandeza do homem, o conceito "grandeza" em toda a sua extensão e sua diversidade, em toda a sua totalidade múltipla: determinaria até mesmo o valor e o grau segundo a capacidade de cada um em tomar sobre si coisas diversas, dando-se conta até onde poderia estender sua responsabilidade. Hoje, o gosto da época, a virtude da época enfraquecem e reduzem a vontade; nada responde melhor ao estado de espírito da época que a fraqueza de vontade: portanto, o ideal do filósofo deve precisamente fazer incluir no conceito "grandeza" a força de vontade, a rigidez e a aptidão às resoluções duráveis. De igual modo, a doutrina contrária e o ideal de uma humanidade tímida, cheia de abnegação, humilde e que duvida de si mesma era adequada a uma época contrária, como o século XVI por exemplo, que sofria por seu acúmulo de energia da vontade e de uma torrente de egoísmo impetuosa. Na época de Sócrates, no meio de tantos homens de instintos fatigados, entre atenienses conservadores, que se deixavam levar "à felicidade", como diziam, ao prazer de fato – e que tinham ainda na boca as velhas expressões pomposas, às quais sua vida não lhes dava mais direito, talvez a *ironia* fosse necessária à grandeza da alma, essa maliciosa segurança socrática do velho médico, do plebeu que cortava sem piedade na própria carne, como na carne e no coração do "nobre" com um olhar que dizia bastante claramente: "Sem fingimento comigo!

Aqui... somos todos iguais!" Hoje, em contrapartida, quando o animal de rebanho chega sozinho às honras e sozinho distribui as honrarias na Europa, quando a "igualdade de direitos" poderia ser traduzida por igualdade na injustiça: quero me referir à guerra geral contra tudo o que é raro, estranho, privilegiado, a guerra contra o homem superior, a responsabilidade superior, a plenitude criadora e dominadora – hoje, ser nobre, querer por si, saber ser diferente, dever viver só e por sua própria conta, são coisas que entram no conceito "grandeza" e o filósofo revelará em certa medida seu próprio ideal, afirmando: "Maior será aquele que souber ser o mais solitário, o mais escondido, o mais afastado, o homem que viver para além do bem e do mal, o senhor de suas virtudes, que será dotado de uma vontade abundante; aí está o que deve ser chamada *grandeza*: é ao mesmo tempo a diversidade e o todo, a extensão e a plenitude. E perguntamos mais uma vez: hoje – a grandeza é *possível*?

213

É difícil aprender o que é um filósofo porque isso não se ensina: é preciso "sabê-lo" por experiência – ou ter a altivez de *ignorá-lo*. Mas hoje todos falam de coisas das quais não *podem* ter nenhuma experiência. Isso é infelizmente verdadeiro, sobretudo por aquilo que diz respeito aos filósofos e às questões filosóficas. Um pequeno número de pessoas conhece esses homens e essas questões, pode conhecê-los e, no que diz respeito a eles, as opiniões populares são todas errôneas. Por exemplo, essa verdadeira afinidade filosófica que existe entre uma espiritualidade ousada, excessiva, que segue um ritmo veloz e um rigor, uma necessidade dialética que não dá passos em falso, dela não fez experiência a maioria dos pensadores e dos eruditos: eles não poderiam, portanto, julgar se alguém falava disso diante deles. Eles se representam toda necessidade como uma dificuldade, como a penosa coação de ir adiante e até mesmo pensar que é para eles alguma coisa de lento, de hesitante, quase como uma tortura e muitas vezes como uma coisa "digna do suor dos nobres", mas nunca como uma coisa de leve, de divino, que é parente próximo da dança e da petulância! "Pensar" e levar algo a "sério" ou com "gravidade" é uma coisa só para eles: só foi dessa maneira que "viveram". – Os artistas possuem aqui talvez um faro mais aguçado: eles sabem muito bem quando não agem mais "arbitrariamente", quando são impelidos por um impulso necessário que seu sentimento de liberdade, de refinamento, de poder, de criação, de plenitude, seu sentimento da forma chega a seu apogeu – em resumo, que necessidade e "liberdade de querer" neles se confundem então. Existe enfim uma ordem determinada de estados psíquicos, à qual corresponde uma hierarquia dos problemas; e os mais graves problemas rejeitam sem piedade todos aqueles que se aproximam deles sem serem predestinados à sua solução pela elevação e pela potência de sua espiritualidade. É em vão que os autômatos, os mecanicistas e os empiristas de hoje se aproximam desses problemas com seu orgulho plebeu e se alvoroçam de algum modo nessa "corte das cortes"! Pés grosseiros jamais devem pisar em semelhantes tapetes, é o que previu a lei primordial das coisas. As portas permanecem fechadas para esses intrusos, mesmo quando batessem contra ela e nela quebrassem sua cabeça! É preciso ter nascido para viver em todos os mundos superiores; mas exatamente, é preciso estar *disciplinado* para eles. Não se possui direitos em filosofia – em seu sentido mais amplo – a não ser por graça de nascença; os ancestrais, "o sangue", são aqui ainda o elemento decisivo. Muitas gerações devem ter preparado o nascimento do filósofo; cada uma de suas virtudes deve ter sido adquirida separadamente, cultivada, transmitida, incorporada. É preciso conhecer não só a marcha ousada, leve, delicada e rápida de seus próprios pensamentos, mas antes de tudo a disposição para as grandes responsabilidades, a altura e a profundidade do olhar imperioso, o sentimento de ser separado da multidão, dos deveres e das virtudes da multidão, a proteção e a defesa benevolente daquilo que é mal interpretado e caluniado, seja Deus ou o diabo; a propensão e a habilidade à suprema justiça, a arte do comando, a amplitude da vontade, a lentidão do olhar que raramente admira, raramente se exalta e ama raramente...

SÉTIMA PARTE
Nossas virtudes

214

Nossas virtudes? – É provável que também nós tenhamos nossas virtudes, ainda que não sejam mais e com razão essas virtudes cândidas e massificantes que honrávamos em nossos antepassados, mantendo-as sempre a respeitosa distância. Nós europeus de depois de amanhã, primícias do século XX – com toda a nossa perigosa curiosidade, nossa contemplação e nossa arte do disfarce, com nossa crueldade mole e, por assim dizer, adocicada pelo espírito e pelos sentidos – *se devemos* propriamente possuir virtudes, temos apenas aquelas que melhor souberam se adequar a nossas inclinações mais secretas e mais íntimas, a nossas necessidades mais intensas. Pois bem! Vamos procurá-las em nossos labirintos! Onde tantas coisas, bem se sabe, se desgarram e tão frequentemente se perdem. Há algo mais belo do que entregar-se à *procura* de suas próprias virtudes? Isso não é quase já *acreditar* na própria virtude? E essa "fé em sua virtude" não é, em suma, o que se chamava outrora a "boa consciência", esse venerável conceito em forma de rabo de rato que nossos avós traziam na nuca e com muita frequência atrás da razão? Parece, portanto, por menos que nos empenhemos aliás em seguir a moda antiga e a venerabilidade ancestral, num ponto, contudo, sejamos os dignos descendentes de nossos avoengos, nós os últimos europeus que possuímos uma boa consciência. Nós também levamos ainda o rabo de rato. – Ai! Se vocês soubessem como haverá de passar muito pouco tempo antes que as coisas se ponham de outro modo!

215

Da mesma forma que no sistema dos astros, dois sóis às vezes determinam o curso de um planeta, da mesma forma que, em certos casos, sóis de cores diferentes iluminam um só planeta, ora com luz vermelha, ora com luz verde, depois o iluminam de novo simultaneamente e o banham com raios multicolores, assim também nós, homens modernos, graças à mecânica complicada de nossa "abóbada estrelada", somos determinados por morais *diferentes*: nossas ações se iluminam alternadamente de cores diferentes, raramente tendo um sentido único, ocorrendo com bastante frequência agirmos de maneira *multicolor*.

216

Amar seus inimigos? Acredito que aprendemos bem isso: nós o fazemos hoje de mil maneiras, no pequeno e no grande; ocorre até mesmo às vezes algo de mais elevado e de mais sublime, mas nós aprendemos a *desprezar* quando amamos e precisamente quando amamos mais. Mas tudo isso inconscientemente, sem rumor e sem estardalhaço, com esse pudor e esse mistério do bem que proíbe pronunciar a palavra solene e a fórmula consagrada da virtude. A moral como atitude – é hoje totalmente contrária a nosso gosto. Esse já é um progresso – como para nossos pais foi um progresso quando finalmente a religião como atitude se tornou contrária a seu gosto, inclusive a aversão e a amargura voltairianas a respeito da religião (e todo o modo de falar e os gestos do livre pensador de outrora). É a música em nossa consciência, é a dança em nosso espírito, cujas ladainhas puritanas, cujos sermões de moral e a velha honestidade não querem mais suportar.

217

Manter-se em guarda contra aqueles que atribuem grande importância a que se reconheça seu tato moral e sua delicadeza nas distinções morais: eles não nos perdoariam nunca, se lhes ocorrer de cometer um erro diante de nós (ou até mesmo *contra* nós) – então se tornariam inevitavelmente nossos caluniadores e nossos detratores instintivos, mesmo se permanecessem nossos "amigos". – Felizes os esquecidos, pois "se livrarão assim" até de suas tolices.

218

Os psicólogos da França – há ainda psicólogos hoje, fora da França? – ainda não esgotaram sua verve amarga e multiforme contra a tolice burguesa, como se... Basta, esse é o sintoma de alguma coisa. Flaubert, por exemplo, esse bravo burguês de Rouen, não via, não entendia e não sentia realmente mais que isso: – era para ele um modo de tortura e de crueldade refinada aplicada a si mesmo. Agora para mudar – pois esse gênero começa a se tornar aborrecido – recomendo outro objeto de regozijo: é a astúcia inconsciente que utilizam para com espíritos superiores e sua função, todos os bravos cérebros, todos os espíritos pesados da boa média, essa astúcia delicada, aduna, jesuítica, mil vezes mais sutil que a inteligência e o gosto dessa classe média durante seus melhores momentos – e mesmo que a inteligência de suas vítimas. O que prova, uma vez mais, que o "instinto" de todas as espécies de inteligências descobertas até agora é ainda a espécie mais inteligente. Em resumo, estudem, ó psicólogos, a filosofia da "regra" em luta contra a "exceção": terão sob os olhos um espetáculo digno dos deuses e da malícia divina! Ou, para me exprimir mais claramente ainda: façam uma vivissecção no "homem bom", no *"homo bonae voluntatis"*[1]... em vocês!

219

O julgamento moral é um modo de vingança favorito nas inteligências limitadas com relação às inteligências que o são menos, é uma espécie de indenização que se outorgam certas pessoas para quem a natureza se mostrou avara e é enfim uma ocasião para *ganhar* espírito e refinamento: – a maldade torna o homem espiritual. No fundo de seu coração, é doce para eles ver que existe uma escala que coloca na mesma linha deles

---
(1) Expressão latina que significa *homem de boa vontade* (N. do T.).

mesmos os homens cumulados de bens e de privilégios do espírito: – eles combatem pela "igualdade de todos diante de Deus" e, com esse objetivo, têm quase *necessidade* da fé em Deus. É entre eles que se encontram os mais convictos adversários do ateísmo. Ficariam furiosos se alguém lhes dissesse: "Uma elevada espiritualidade não se compara com a honestidade e a respeitabilidade, quaisquer que sejam, num homem que não fosse puramente moral" – eu evitaria de qualquer maneira dizê-lo. Tentaria antes conquistá-los, assegurando-lhes que uma espiritualidade elevada não existe senão como último produto das qualidades morais; que é uma síntese de todos esses estados que são conferidos aos homens "puramente morais", os quais os adquiriram, um a um, por uma longa disciplina, um demorado exercício, talvez através de toda a série das gerações; que a elevada espiritualidade é precisamente a espiritualização da justiça e desse rigor benevolente que se sabe que é encarregado de manter a *hierarquia* no mundo, mesmo entre as coisas – e não somente entre os homens.

220

Hoje que o elogio do desinteresse é tão popular, importa dar-se conta, não sem perigo talvez, do que, para o povo, é objeto de interesse e quais são as coisas com as quais realmente se preocupa – e de uma maneira profunda – o povo: incluímos entre eles os instruídos, os sábios e mesmo, ou me engano redondamente, os filósofos. Resulta desse exame que quase tudo o que exalta o gosto delicado e refinado, tudo o que interessa às naturezas elevadas, parece ao homem médio totalmente "desprovido de interesse": – se ele perceber ter, apesar disso, certo apego a essas coisas, qualificará esse apego como *desinteressado* e ficará surpreso que seja possível agir "de uma maneira desinteressada". Houve filósofos que souberam conferir a essa surpresa popular uma expressão sedutora, mística e supraterrestre (talvez porque não conheciam por experiência a natureza mais elevada?), em lugar de apresentar a verdade nua e fácil e de dizer francamente que a ação "desinteressada" é uma ação *muito* interessante e *muito* interesseira, admitindo que... "E o amor?" Como! As ações que têm o amor como móvel devem ser também "não egoístas"? Idiotas que vocês são...! "E o elogio daquele que se sacrifica?" – Aquele que fez realmente sacrifícios sabe que, por seus sacrifícios, procurava uma compensação e que a encontrou – talvez quisesse algo de si mesmo por outra coisa de si mesmo – que deu aqui para receber mais lá, talvez por se sentir "mais", talvez simplesmente por se sentir "mais" do que era. Mas esse é um domínio demarcado de perguntas e respostas, onde um espírito desgastado não gosta de se deter: tanto a verdade é forçada a conter um bocejo, mesmo quando deve responder. De fato e enfim, a verdade é mulher: não se deve violentá-la.

221

Faço questão, dizia um pedante moralista, mercador de futilidades, de honrar e de tratar com distinção um homem desinteressado: entretanto, não porque é assim, mas porque me parece ter o direito de ser útil a outro homem a próprias expensas. Numa palavra, trata-se sempre de saber quem é *este* e quem é *aquele*. Por exemplo, para aquele que tivesse sido destinado e criado em vista do comando, a humilde modéstia e a abnegação não seriam virtudes, mas o esbanjamento de uma virtude, segundo me parece. Toda moral não egoísta que se julga absoluta e se aplica a cada um não peca somente contra o gosto: é um incitamento aos pecados de omissão, uma sedução a mais sob a máscara da filantropia – e precisamente uma sedução e um dano para com os homens superiores, raros e privilegiados. É preciso forçar as morais a se curvarem diante da *hierarquia*, é necessário fazer com que reconheçam sua arrogância até que finalmente compreendam de modo claro que é imoral afirmar: "Aquilo que é justo para um deve ser também para o outro." Assim falava meu *bom homem*, pedante moralista. Mereceria que zombasse dele quando lembrava as morais à moralidade? Mas não é preciso ter muita razão, se quisermos ter os zombadores de nosso lado; uma pequena suspeita de erro pode ser indício de bom gosto.

222

Em toda parte onde se prega hoje a piedade – não sei se hoje se prega também outra religião – o psicólogo deve abrir as orelhas. Por meio de todas as vaidades, de todo o alarido próprio desses pregadores (como todos os pregadores), ouvirá uma voz rouquenha, ofegante, a verdadeira voz do *desprezo de si mesmo*. A vaidade provém, *se não for ela própria a causa*, desse obnubilamento, desse embrutecimento da Europa que, há um século, só faz crescer (e cujos primeiros sintomas são assinalados numa carta muito profunda de Galiani à senhora Epinay). O homem de "ideias modernas", esse macaco orgulhoso, está excessivamente descontente consigo mesmo: isso é certo. Padece e sua vaidade permite somente que "com-padeça".

223

O europeu, que é um mestiço – um plebeu bastante antipático, em suma – tem absoluta necessidade de um traje: ele se serve da história como de uma loja de disfarces. Percebe, é verdade, que nenhum traje é feito para ele – passa seu tempo mudando. Que se examine bem o século XIX em suas predileções efêmeras e suas máscaras matizadas de todos os estilos e também em seu desgosto ao perceber que, finalmente, nada "lhe serve"! Em vão se recorre ao romântico, ao clássico, ao cristão, ao florentino, ao barroco ou ao "nacional", *in moribus et artibus*[1]: nada "lhe cai bem"! Mas o espírito, especialmente o "espírito histórico", sabe ainda tirar proveito dessa agitação desesperada. Procura-se sem cessar um novo farrapo do passado e do "exotismo", tenta-se vesti-lo, depois é descartado, mas é sobretudo *estudado* – estamos no primeiro período estudioso a respeito do "vestuário", isto é, as morais, os artigos de fé, os gostos das artes e das religiões. Estamos preparados, como jamais estivemos em outros tempos, para um carnaval de grande estilo, para as mais espirituais gargalhadas e para a petulância da terça-feira de carnaval, para as alturas transcendentais das mais sublimes insanidades e da zombaria mais aristofanesca do mundo. Talvez descubramos aqui precisamente o domínio de nosso *gênio inventivo*, o domínio onde a originalidade nos é ainda possível, talvez como parodistas da história universal e como polichinelos de Deus – talvez se coisas do presente nada têm do futuro, nosso riso pelo menos terá um futuro para ele próprio!

---

(1) Frase latina que significa *nos costumes e nas artes* (N. do T.).

224

O *senso histórico* (ou a faculdade de adivinhar rapidamente a hierarquia das apreciações segundo as quais um povo, uma sociedade, um homem viveram; o "instinto divinatório" das relações entre essas avaliações, da autoridade dos valores à autoridade das forças ativas): esse senso histórico que nós europeus reivindicamos como nossa especialidade, veio até nós em decorrência da fascinante e louca *semibarbárie* em que a Europa foi precipitada pela mistura democrática das classes e das raças – o século XIX é o primeiro que conhece esse senso que se tornou seu sexto sentido. Todas as formas, todas as maneiras de viver, todas as civilizações do passado, outrora amontoadas umas após outras, umas sobre as outras, invadem nossas "almas modernas", graças a essa confusão. Nossos instintos se dispersam agora por todos os lados, somos nós mesmos uma espécie de caos; finalmente, repito, o "espírito" acaba por encontrar nisso seu proveito. Pela semibarbárie de nossa alma e de nossos desejos, temos escapatórias secretas de todas as espécies, tais que nenhuma época nobre as possuiu, sobretudo o acesso aos labirintos das civilizações incompletas e aos emaranhados de todas as *semibarbáries* que jamais houve no mundo. E, na medida em que a parte mais importante da cultura foi até o presente uma semibarbárie, o "senso histórico" significa quase o sentido e o instinto próprios para compreender todas as coisas, o gosto e o tato para todas as coisas: o que demonstra claramente que é um sentido *sem nobreza*. Saboreamos, por exemplo, novamente Homero, o que os homens de uma cultura nobre (por exemplo, os franceses do século XVII, como Saint-Evremond, que lhe recrimina o *espírito vasto*, e mesmo seu último eco, Voltaire) não podiam fazer tão facilmente – o que apenas ousavam se permitir. A afirmação e a negação muito precisas de seus sentidos, seu desgosto muito pronto, sua reserva fria a respeito de tudo o que é estrangeiro, seu horror pelo mau gosto, mesmo daquele de uma viva curiosidade, e em geral a má vontade de toda civilização nobre em confessar um novo desejo, em confessar a insatisfação daquilo que possui, a admiração pelo estrangeiro: tudo isso os preocupa e os predispõe a ser desfavoráveis mesmo nas melhores coisas do mundo, quando não são suas e não *poderiam* lhes servir de presa – e nenhum sentido é menos compreensível a semelhantes homens do que precisamente o senso histórico e sua ínfima curiosidade plebéia. A mesma coisa vale para Shakespeare, essa surpreendente síntese do gosto hispano-mouresco e do gosto saxão, a respeito do qual um velho ateniense amigo de Ésquilo teria rido até as lágrimas ou teria ficado despeitado. Mas nós aceitamos justamente, com uma secreta familiaridade e com confiança, essa confusão selvagem, essa mistura de delicadeza, de grosseria e de sentido artificial, desfrutamos de Shakespeare como do refinamento do gosto mais picante que nos seja reservado e nos deixamos também perturbar um pouco pelas exalações e pelo toque desagradável da plebe inglesa, onde se cultua a arte e o gosto de Shakespeare, do mesmo modo que se nós nos encontrássemos em Chiaia de Nápoles, onde, encantados em todos os nossos sentidos, seguíssemos nosso caminho de bom grado, apesar do odor fétido que paira no ar dos quarteirões populares. Nós, homens do "senso histórico", temos como tais nossas virtudes, nem se pode contestar. Somos sem pretensões, desinteressados, modestos, persistentes, plenamente capazes de nos dominar, cheios de desapego, muito gratos, muito pacientes, muito acolhedores. Com tudo isso, não temos talvez bastante bom gosto. Confessemos, afinal de contas: aquilo que, para nós homens do "senso histórico", é mais difícil de agarrar, de sentir, de provar, de gostar, aquilo que no fundo nos encontra prevenidos e quase hostis, é precisamente o ponto de perfeição, de maturidade suprema em toda cultura e em toda arte, a marca própria de aristocracia nas obras e nos homens, seu aspecto de ouro brilhante e frio que aparece em toda coisa acabada. Talvez essa virtude do senso histórico esteja necessariamente em oposição ao bom gosto, ou pelo menos com o gosto melhor e não podemos evocar em nós, senão desajeitadamente, com hesitação e coação, esses golpes de acaso feliz, curtos e brilhantes, essas transfigurações da vida humana que crepitam aqui e acolá – esses instantes maravilhosos em que uma grande força se detinha voluntariamente diante do incomensurável e do infinito – onde se usufruía de uma exuberância de alegria delicada, como se se estivesse domado e petrificado – imobilizado num solo ainda tremendo. A *medida* nos é estranha, convenhamos; o que nos excita é precisamente o infinito, o imenso. Semelhantes ao cavaleiro sobre seu cavalo ofegante, deixamos cair as rédeas diante do infinito, nós homens modernos, semibárbaros como somos – e não estamos no cúmulo de *nossa* felicidade senão quando corremos – *o maior perigo*.

225

Hedonismo, pessimismo, utilitarismo ou eudemonismo: todas essas maneiras de pensar que medem o valor das coisas segundo o *prazer* e o *sofrimento* que nos proporcionam, isto é, segundo recaídas, detalhes secundários, são avaliações de primeiro plano, ingenuidades sobre as quais quem tivesse consciência de suas *forças* criadoras e de suas capacidades artísticas não poderia lançar os olhos sem desdém nem mesmo sem piedade. Piedade para vocês! Não é, sem dúvida, a piedade como vocês a entendem: não é a piedade pela "miséria" social, pela "sociedade", por seus doentes e suas vítimas, por aqueles que são viciados e vencidos desde a origem e que jazem despedaçados em torno de nós; ainda menos é a piedade por essas catervas de escravos murmuradores, oprimidos e rebeldes que envidam todos os seus esforços para a dominação – que eles chamam "liberdade". *Nossa* piedade é uma piedade mais elevada, de horizonte mais vasto. Vemos como o *homem* se amesquinha, como *vocês* o amesquinham! – E há justamente momentos em que contemplamos sua compaixão com uma angústia indescritível, momento em que nos voltamos contra sua piedade, em que encontramos nossa seriedade mais perigosa do que qualquer leviandade. Vocês querem, se possível – e não existe "possível" mais insensato – *suprimir o sofrimento*; e nós? – Parece que gostaríamos de torná-lo ainda mais intenso e mais cruel que nunca! O bem-estar, como vocês o entendem – não representa um objetivo a nossos olhos, mas um *fim*! Um estado que logo torna o homem risível e desprezado – que leva a *desejar* seu desaparecimento! A disciplina do sofrimento, do *grande* sofrimento – não sabem que é essa disciplina sozinha que, até aqui, levou o homem às grandes alturas? Essa tensão da alma na desventura, que lhe inculca a força, os estremecimentos da alma à vista dos grandes cataclismas, sua engenhosidade e sua coragem para suportar, para gritar, para interpretar, para tirar proveito da desgraça e de tudo o que jamais possuiu de profundidade, de mistério, de máscara, de espírito, de astúcia, de grandeza: não foi no meio do sofrimento, sob a disciplina do grande sofrimento que tudo isso lhe foi dado? No homem se encontram reunidos a criatura e o *criador*: no homem está a matéria, o fragmento, a exuberância, o limo, o barro, a loucura, o caos; mas no homem também está o criador, o escultor, a dureza do martelo, a divina contemplação do sétimo dia. Compreendem essa antítese? Compreendem que *sua* compaixão é voltada para a "criatura no homem", ao que deve ser formado, batido, forjado, dilacerado, afinado, depurado? – ao que sofrerá *necessariamente*, ao que *deve* sofrer? E *nossa* piedade – não compreendem a quem se dirige nossa piedade *contrária*, quando se volta contra a sua, como contra o pior dos amolecimentos, a mais funesta das fraquezas? – Portanto, compaixão *contra* compaixão! – Mas, repito, há problemas mais elevados que todos esses problemas do prazer, da dor e da piedade; e toda filosofia que limitasse a isso seu domínio é uma ingenuidade.

226

Nós, imoralistas! – Este mundo que *nos* diz respeito, no qual temos de temer e de amar, este mundo quase imperceptível do mandamento delicado, da obediência delicada, um mundo do "quase" em todos os sentidos: escabroso, capcioso, obstinado, melindroso, sim, este mundo que é bem defendido contra os espectadores grosseiros e contra a curiosidade familiar! Laços sólidos nos amarram, vestimos a camisa-de-força do dever e não *podemos* nos livrar dela. É por isso que somos "homens do dever", nós também! Algumas vezes, é verdade, dançamos em nossas "correntes" e no meio de nossas "espadas". Mais frequentemente, acrescentemos isso, rangemos os dentes e nos revoltamos contra todos os rigores secretos de nosso destino. Mas o que quer que façamos, os imbecis e as aparências estão contra nós e dizem: "Esses são os homens *sem* dever." – Temos sempre os imbecis e a aparência contra nós.

227

A probidade é nossa virtude, aquela de que podemos nos desfazer, nós espíritos livres – pois bem! Queremos trabalhar com toda a nossa maldade e com todo o nosso amor e não nos cansaremos nunca de nos "aperfeiçoar" em *nossa* virtude, a única que nos resta. Possa seu brilho, como um crepúsculo zombeteiro de azul dourado, iluminar algum tempo ainda essa cultura envelhecida e sua seriedade pesada e morna. E, se nossa probidade se sentir um dia fatigada, se suspirar e esticar os membros e nos julgar muito duros e quiser ser tratada com mais sensibilidade, de uma maneira mais leve e mais terna, como se faz com um vício agradável: permaneçamos *duros*, nós, últimos estoicos! Enviemos em seu auxílio o que resta de diabólico em nós – nosso desgosto pela lentidão e do quase nosso "*nitimur in vetitum*"[(1)], nossa bravura aventureira, nossa curiosidade aguda e delicada, nossa vontade de potência e de conquista mais sutil, mas disfarçada, mais espiritual, vontade que aspira avidamente a todos os domínios do futuro e se entusiasma por eles – acorramos em socorro de nosso "Deus" com todos os nossos "diabos"! É provável que por causa disso nos desconheçam, nos caluniem. Que importa! Dirão: "Sua *probidade* – é sua diabrura e nada mais!" Que importa! De qualquer modo teriam razão! Todos os deuses não foram até agora demônios santificados e desbatizados? E que sabemos nós, enfim, sobre nós mesmos? Sabemos como o espírito que nos conduz quer ser *chamado*? (É uma questão de nomes.) E quantos espíritos estão em nós? Nossa probidade, para nós espíritos livres – vigiemos para que ela não se torne nossa vaidade, nossa aparência e nosso traje de desfile, nosso limite intransponível, nossa imbecilidade! Toda virtude propende à imbecilidade e toda imbecilidade à virtude; "estúpido até a santidade", se diz na Rússia – vigiemos para que nossa probidade não acabe por fazer de nós santos e aborrecidos! A vida não é cem vezes demasiado curta para que nos... aborreçamos? Seria necessário ao menos acreditar na vida eterna para...

---

(1) Expressão latina que significa *aspiramos ao proibido* (N. do T.).

228

Que me perdoem se descobri que até agora toda a filosofia moral foi enfadonha e fez parte dos soporíferos – como também que nada, a meu ver, produz tanto dano à virtude quanto esse *aborrecimento* difundido por seus advogados; por essa razão não quero menosprezar a utilidade geral desses advogados. Importa muito que seja o menor número possível de homens que meditem sobre a moral – importa, portanto, *enormemente* que a moral não acabe por se tornar interessante! Mas não é preciso temer! Hoje as coisas estão do mesmo jeito que sempre estiveram: não vejo ninguém na Europa que tivesse (ou *desse*) a ideia de que a meditação sobre a moral pudesse tornar-se perigosa, insidiosa, sedutora – que pudesse conter uma *fatalidade*. Considerem, por exemplo, os infatigáveis e inevitáveis utilitaristas ingleses, como caminham, seguindo pegadas (uma comparação de Homero seria mais clara), pesada e gravemente nas pegadas de Bentham que ele próprio seguia as pegadas do honrado Helvetius (Oh! não! Esse Helvetius não era um homem tão perigoso). Nenhuma ideia nova, nenhuma reprodução mais delicada ou do desdobramento de uma ideia antiga, nem mesmo uma verdadeira história do que foi pensado outrora: uma literatura *impossível*, em suma, quando não se pensa em jogar nela a amargura de um pouco de maldade. De fato, nesses moralistas (que se deve ler em absoluto com segundas intenções, se for preciso lê-los) se infiltrou também esse velho vício inglês que se chama hipocrisia e que é uma hipocrisia moral, mas escondida desta vez sob um novo aparato científico. Há neles também uma resistência secreta contra os remorsos, dos quais, como é natural, deve sofrer uma raça de antigos puritanos que se ocupa da ciência da moral. (Um moralista não é o semelhante do puritano, porquanto, na ocorrência, considera a moral como uma coisa duvidosa, enigmática, em resumo, um problema? Moralizar, não seria... uma coisa imoral?) No fundo, estão todos decididos a dar razão à moralidade *inglesa,* na medida em que essa moralidade será útil à humanidade ou ao "bem geral" ou à "felicidade da maioria", não: à fortuna da Inglaterra. Gostariam a todo custo se persuadir que o esforço para a felicidade *inglesa,* isto é, ao *comfort* e à *fashion* (e em última instância, para uma cadeira no Parlamento), que tudo isso se encontra no caminho da virtude, enfim, que toda virtude que já existiu no mundo sempre consistiu em semelhante esforço. Nenhum desses pesados animais de rebanho, de consciência inquieta (que se empenharam em fazer passar a causa do egoísmo por aquela do bem-estar geral), jamais quis entender e perceber que o "bem-estar geral" não é um ideal, um objetivo, uma coisa conceituada de uma maneira qualquer, mas simplesmente um vomitivo, que o que é justo para um não *pode* ser justo para o outro, que a pretensão de uma moral para todos é precisamente um preconceito levado ao homem superior, em resumo, que existe uma *hierarquia* entre homem e homem e, por conseguinte também, entre moral e moral. São uma espécie de homens modestos e radicalmente medíocres esses utilitaristas ingleses; e, repito, enfadonhos como são, não podemos ter em elevada estima sua utilidade. Deveríamos ainda *encorajá-los*, o que tentamos fazer, em parte, nos seguintes versos:

Salve, bravos carroceiros,

Sempre "quanto mais tempo, melhor"

cada vez mais entorpecidos da cabeça aos joelhos,

sem entusiasmo nem graça,

irremediavelmente medíocres,

sem gênio e sem espírito!

229

Essas épocas tardias, que teriam o direito de se orgulhar de sua humanidade, guardam ainda tanto temor, tanta *superstição* temerosa com relação ao "animal selvagem e cruel", cuja sujeição faz a glória de nossa época mais humana, que as verdades mais tangíveis permanecem mesmo inexpressas durante séculos, como se tivesse sido convencionado, porque parecem querer dar a existência a esse animal selvagem finalmente aterrado. Talvez eu seja ousado demais ao deixar escapar semelhante verdade; que outros a retomem e lhe dêem de beber bastante "leite das piedosas virtudes" para que fique tranqüila e esquecida em seu canto! – É preciso mudar de ideia a respeito da crueldade e abrir os olhos. É preciso enfim aprender a ser impaciente, a fim de que grandes e imodestos erros dessa espécie não se vangloriem mais insolentemente com seu ar de virtude, erros como aqueles que nutriram, por exemplo, os filósofos antigos e modernos a respeito da tragédia. Quase tudo aquilo que chamamos "cultura superior" se baseia na espiritualização e no aprofundamento da *crueldade* – esta é minha tese. Essa "besta selvagem" não foi morta; vive, prospera, somente se... divinizou. O que produz a volúpia dolorosa da tragédia é a crueldade; o que produz uma impressão agradável naquilo que se chama compaixão trágica, e mesmo em tudo o que é sublime, até nos mais elevados e mais deliciosos arrepios da metafísica, extrai sua doçura unicamente dos ingredientes de crueldade que nela estão misturados. Romanos nos espetáculos do circo, cristãos na exaltação da cruz, espanhóis à vista das fogueiras e das corridas de touro, japoneses modernos que se reúnem nos teatros, operários parisienses da periferia que têm saudade das revoluções sangrentas, wagneriana que corre com vontade suspensa para ouvir a música de *Tristão e Isolda* – é isso que todos desfrutam, é o que procuram para beber com os lábios misteriosamente alterados, é o filtro da grande Circe, a bebida da crueldade. Para compreender isso, é preciso banir, é verdade, a tola psicologia de outrora que, sobre a crueldade, só soube ensinar uma única coisa: é que ela nasce à vista do sofrimento de *outrem*. Há um regozijo poderoso, transbordante, para assistir a seus próprios sofrimentos, para levar a si mesmo a sofrer – e em toda parte onde o homem se deixar arrastar até a abnegação (no sentido *religioso*), ou à mutilação de seu próprio corpo, como entre os fenícios e os ascetas, ou em geral à renúncia da carne, à maceração e à contrição, aos espasmos puritanos da penitência, à vivissecção da consciência, ao *sacrifício do intelecto* de Pascal – é atraído secretamente por sua própria crueldade, voltada *contra ele próprio*. Finalmente, considere-se que o próprio conhecedor, enquanto força seu espírito ao conhecimento, contra a inclinação do espírito e muitas vezes mesmo contra o desejo de seu coração – isto é, a negar, quando queria afirmar, amar, adorar – age como artista e transfigura a crueldade. Toda tentativa de ir ao fundo das coisas, de esclarecer os mistérios, já é uma violência, uma vontade de fazer sofrer, a vontade essencial do espírito que tende sempre para a aparência e para o superficial – em toda vontade de conhecer há uma gota de crueldade.

230

Talvez não se compreenda à primeira vista o que eu disse da "vontade essencial do espírito": que me seja permitida, portanto, uma palavra de explicação. – Essa coisa que comanda, que o povo chamou "espírito", quer ser senhor em si e em torno de si. Ele tem a vontade de chegar da diversidade à unidade, uma vontade que restringe, que sujeita, que tem sede de domínio e que é verdadeiramente feita para dominar. Suas necessidades e suas qualidades são as mesmas que aquelas reconhecidas pelos fisiólogos em tudo o que vive, cresce e se multiplica. O poder do espírito em assimilar os elementos estranhos se revela por uma inclinação enérgica em aproximar o novo do antigo, em simplificar o que é múltiplo, em negligenciar ou rejeitar o que está em contradição completa. De igual modo, essa inclinação sublinhará e ressaltará mais energicamente e de uma maneira arbitrária para falsificar em seu benefício certos traços e certas linhas de tudo o que lhe é estranho, de tudo o que faz parte do "mundo exterior". Manifesta assim a intenção de incorporar novas "experiências", registrar coisas novas nos quadros antigos – esse é, em suma, o acréscimo ou mais exatamente ainda o *sentimento* do acréscimo, o sentimento da força acrescida. A serviço dessa vontade está uma tendência, oposta em aparência, do espírito, uma resolução repentina de ignorar, de isolar arbitrariamente, de fechar suas janelas, uma negação interior de uma ou de outra coisa, uma recusa de se deixar abordar, uma espécie de postura defensiva contra muitas coisas dignas de serem conhecidas, um contentamento da obscuridade, do horizonte limitado, uma afirmação e uma aprovação da ignorância: tudo isso é necessário na medida de seu poder de assimilação, de sua "força de digestão", para empregar uma metáfora. – Por outro lado, o "espírito" se assemelha a um estômago mais que a qualquer outra coisa. De igual modo, é preciso designar aqui a vontade ocasional do espírito de se deixar enganar, talvez com a maliciosa segunda intenção que não é assim, mas que só se presta atenção às aparências. Talvez haja aqui um prazer causado pela incerteza e pela ambigüidade, um regozijo íntimo e feliz na estreiteza e no mistério queridos de um pequeno canto, numa vizinhança demasiado próxima, no primeiro plano, no engrandecimento, no amesquinhamento, no embelezamento, no deslocamento, regozijo íntimo causado pelo arbitrário de todas essas manifestações de poder. Finalmente, é preciso mencionar ainda essa inquietante premência do espírito de enganar outros espíritos e de se disfarçar diante deles, essa pressão e esse empurrão constantes de uma força criadora, formadora, modificável: o espírito saboreia nisso sua faculdade de astúcia, de transformação complicada; saboreia também o sentimento de sua segurança – precisamente por causa de suas artes de Proteu, é muito bem defendido e escondido! – A *essa* vontade de aparência, vontade de simplificação, vontade de máscara, de manto, em resumo, de superfície – pois toda superfície é um manto – *se opõe* essa inclinação sublime daquele que procura o conhecimento, essa inclinação que toma e *quer* tomar as coisas de uma forma profunda, múltipla, em seu fundamento. É como uma espécie de crueldade da consciência e do gosto intelectuais que todo espírito ousado reconhecerá em si mesmo, bem entendido se, como convém, por muito tempo endureceu e aguçou o olhar e se habituou a uma severa disciplina e a uma linguagem severa. Ele dirá: "Há algo de cruel na tendência de meu espírito." Que os virtuosos e as pessoas amáveis procurem lhe provar que está errado! De fato, haveria mais amabilidade, em lugar de nos atribuir crueldade, fazer correr o boato, por exemplo, de nossa "extravagante probidade", com que nos tratariam com glória – nós espíritos livres, *muito* livres – e essa será talvez realmente nossa – glória póstuma. Esperando – pois até essa época teremos tempo diante de nós – deveríamos ser praticamente tentados a nos enfeitar com esses adornos de expressões morais: toda a nossa atividade passada nos interdiz precisamente essa tendência e sua alegre volúpia. São belas palavras solenes, faiscantes, reluzentes: probidade, amor da verdade, amor da sabedoria, sacrifício ao conhecimento, heroísmo da veracidade – há nisso alguma coisa que faz nosso coração bater de orgulho. Mas nós, eremitas e marmotas, estamos convencidos há muito tempo no íntimo de nossa consciência de eremitas que esse digno desfile de grandes palavras faz parte dos velhos ornamentos, da velha poeira, das antigalhas da mentira e da inconsciente vaidade humana e que, sob essas cores lisonjeiras e esse retoque enganoso, é preciso ainda reconhecer o terrível texto original *homo natura*. Retraduzir o homem na natureza; tornar-se senhor das numerosas interpretações vãs e enganosas de que foi recoberto e maquiado o texto original *homo natura*; fazer com que doravante o homem apareça diante do homem como hoje, endurecido pela disciplina da ciência, que apareça diante da *outra* natureza, com olhos intrépidos de um Édipo e com as orelhas tapadas de um Ulisses, surdo aos apelos dos passarinheiros metafísicos que cantaram para ele por muito tempo: "Tu és mais! Tu vens de mais alto, de outra origem!" – Essa pode ser uma tarefa estranha e insensata, mas é uma *tarefa* – quem poderia negá-lo! Por que nós a escolhemos, essa tarefa insensata? Ou, em outros termos: "Por que, em suma, procurar o conhecimento?" Todos nos perguntarão. E nós, pressionados desse modo, nós que nos fizemos cem vezes essa mesma pergunta, não encontramos nenhuma resposta melhor...

231

O estudo nos transforma. Faz a mesma coisa de todo alimento que não "conserva" somente – como o fisiólogo diria. Mas no fundo de nós mesmos, bem no fundo, há alguma coisa que não pode ser retificada, um rochedo de fatalidade espiritual, decisões tomadas de antemão, repostas a perguntas determinadas e resolvidas antecipadamente. A cada problema fundamental se conecta um irrefutável: "Isto sou eu." A respeito do homem e da mulher, por exemplo, um pensador não pode mudar de parecer, só pode aprender mais – prosseguir até o fim na descoberta daquilo que era "coisa retida" nele. Encontram-se cedo certas soluções de problemas que reafirmam nossa fé. Talvez sejam chamados a seguir "convicções". Mais tarde... não vemos nessas soluções senão uma pista do conhecimento de si, dos indícios do problema que *somos* – mais exatamente, da grande imbecilidade que somos, de nosso *fatum* (destino) espiritual, do incorrigível que está em nós "lá bem no fundo". – Depois da gentileza concedida a mim mesmo, talvez me seja permitido formular aqui algumas verdades sobre "a mulher em si": supondo que se saiba de antemão até que ponto essas são exclusivamente – minhas *próprias* verdades.

232

A mulher quer se emancipar: e, para isso, começa a esclarecer o homem sobre "a mulher em si". – Esse é um dos progressos mais deploráveis do *afeamento* geral da Europa. De fato, que podem produzir essas desajeitadas tentativas de erudição feminina e de despojamento de si! A mulher tem tantos motivos para ser pudica. Ela esconde tantas coisas pedantes, superficiais, de professora de escola, tanta presunção mesquinha, pequenez imodesta e desenfreada – que se examine somente suas relações com as crianças! – No fundo, é o *temor* do homem que até aqui deteve e reprimiu tudo isso. Ai de nós, se um dia as qualidades "eternamente enfadonhas da mulher" – das quais ela é tão rica – ousarem fazer carreira! Se a mulher começasse a desaprender radicalmente e por princípio sua perspicácia e sua arte, aquela da graça e do jogo, a arte de eliminar as preocupações, de aliviar os sofrimentos e de conferir-lhes pouca importância, sua habilidade delicada para as paixões agradáveis! Já se ouvem vozes femininas que, por Santo Aristófanes!, fazem tremer. Explica-se com uma precisão médica o que a mulher quer em primeiro e em último lugar do homem. Não é uma prova de supremo mau gosto essa fúria da mulher em querer tornar-se cientista? Até agora, graças a Deus, a explicação era assunto dos homens, um dom masculino – a permanecer assim "entre si". De resto, considerando o que as mulheres escrevem sobre "a mulher", é preciso ficar muito desconfiado, perguntar-se se a mulher *quer* realmente um esclarecimento sobre ela – e *pode* querê-lo... Se a mulher não procura assim uma nova *aparência* externa – creio que a aparência faz parte do "eterno feminino" – pois bem! Então ela quer se fazer temer, talvez seja para ela um meio de dominar? Mas ela não quer a verdade. Que importa a verdade para a mulher? Nada desde as origens é mais estranho, mais antipático, mais odioso para a mulher que a verdade. Sua grande arte é a mentira, seu negócio mais proeminente é a aparência e a beleza. Confessemos, nós homens honramos e amamos precisamente *essa* arte e *esse* instinto na mulher, nós que temos a tarefa difícil e que nos unimos de boa vontade, para nosso alívio, a seres cujas mãos, cujos olhares, cujas ternas loucuras fazem parecer quase como erros nossa seriedade, nossa profundidade. Finalmente, pergunto: uma mulher conferiu um dia profundidade a um cérebro de mulher, conferiu justiça a um coração de mulher? E não é verdade que, em termos gerais, "a mulher" foi sobretudo pouco estimada pelas mulheres e não por nós? – Nós homens desejamos que a mulher não continue a comprometer-se com esclarecimentos. De fato, era dever do homem cuidar e dispor da mulher, quando a Igreja decretava: *"Mulier taceat in ecclesia!"*[1] Era para o bem das mulheres que Napoleão deu a entender à eloqüente Madame De Staël: *"Mulier taceat in politicis!"*[2] – e eu creio que um verdadeiro amigo das mulheres é aquele que hoje conclama as mulheres: *"Mulier taceat de muliere."*[3]

233

É uma prova de corrupção no instinto – sem falar da corrupção do gosto – quando uma mulher se comporta como Madame Roland ou Madame De Staël ou senhor George Sand, como se com isso fosse possível provar alguma coisa em favor da "mulher em si". Aos olhos dos homens, esse trio é precisamente aquele das mulheres cômicas por excelência – nada mais! E esse argumento colabora involuntariamente para a confusão da tese de emancipação e de dominação femininas.

234

A estupidez na cozinha; a mulher como cozinheira; a espantosa irreflexão que preside a alimentação da família e do chefe da casa! A mulher não compreende o que *significa* a alimentação e quer ser cozinheira! Se a mulher fosse uma criatura pensante, cozinhando há milhares de anos, deveria ter feito as mais importantes descobertas fisiológicas e reduzido a seu poder a arte de curar! Por causa das más cozinheiras – por causa da falta total de bom senso na cozinha, o desenvolvimento do homem foi retardado e entravado por muito mais tempo: e não melhorou praticamente nada hoje. Aviso às "senhoritas".

---

(1) Frase latina que significa *que a mulher se cale na igreja* (N. do T.).
(2) Frase latina: *que a mulher se cale em assuntos políticos* (N. do T.).
(3) Frase latina: *que a mulher se cale sobre a mulher* (N. do T.).

235

Há frases de efeito, tiradas inteligentes, há sentenças, pequenos punhados de palavras, nos quais toda uma cultura, toda uma sociedade se cristaliza de imediato. Penso nestas palavras de Madame de Lambert jogadas ao acaso a seu filho: "Meu amigo, não te permitas jamais senão loucuras que te dêem grande prazer." – Dito de passagem, as palavras mais maternais e mais sensatas que jamais foram dirigidas a um filho.

236

O que Dante e Goethe pensaram sobre a mulher – o primeiro o expressou neste verso: "Ela olhava para o alto e eu olhava para ela"; o que o segundo traduziu como: "O eterno feminino nos impele para o alto" – aí está certamente o que pode realçar a contradição de toda mulher nobre de caráter, pois ela tem precisamente *essa opinião* sobre o eterno masculino...

237

Sete pequenos ditados de mulheres.

Como o mais pesado aborrecimento desaparece quando um homem se põe a nossos pés!

Velhice, ai! e ciência dão força à fraca virtude.

Roupa escura e discrição vestem mulher... à perfeição.

A quem devo ser grata pela feliz sorte? A Deus... e à minha costureira.

Jovem, ela é um berço de flores. Velha, uma caverna de onde sai um dragão.

Nome nobre, pernas bem feitas, um homem assim: ah! se fosse meu!

Palavras breves, sentido profundo... frieza para a imbecil.

237 a

As mulheres foram até agora tratadas pelos homens como pássaros que, descidos de qualquer altura, se perderam entre eles: como alguma coisa de delicado, de frágil, de selvagem, de estranho, de suave, de encantador – mas também como alguma coisa que é preciso fechar numa gaiola, de medo que voe para longe.

238

Enganar-se a respeito do problema fundamental do homem e da mulher, negar o antagonismo profundo que há entre os dois e a necessidade de uma tensão eternamente hostil, sonhar talvez com direitos iguais, educação igual, pretensões e deveres iguais, esses são os indícios *típicos* da insipidez de espírito. Um pensador que, nessa perigosa questão, se mostrou superficial – superficial no instinto! – deve ser suspeito de uma forma geral. Mas ele se trai e se desvenda também. Para todas as questões essenciais da vida e da vida futura, seu juízo será provavelmente demasiado "curto" e não poderá atingi-las em sua profundidade. Um homem, pelo contrário, que possui profundidade no espírito como nos desejos e também essa profundidade da benevolência que é capaz de severidade e de dureza e que tem facilmente o jeito, jamais poderá ter a respeito da mulher senão a opinião *oriental*. Deverá considerar a mulher como propriedade, como objeto que pode ser trancado, como alguma coisa de predestinado à domesticidade e que nisso se realiza – deverá se basear aqui na prodigiosa razão da Ásia, na superioridade do instinto da Ásia, como fizeram outrora os gregos, os melhores herdeiros, discípulos da Ásia – esses gregos que, como se sabe, desde Homero até a época de Péricles, fizeram caminhar, junto com o *progresso* da cultura e o desenvolvimento da força física, o rigor para com a mulher, um rigor sempre oriental. *Quanto* isso fosse necessário, lógico e mesmo desejável do ponto de vista humano, é de desejar que se reflita sobre isso na intimidade.

239

Em nenhuma época o sexo frágil foi tratado com tanta consideração por parte dos homens como em nossos dias. É uma consequência de nossa inclinação e de nosso gosto fundamentalmente democráticos, bem como nossa falta de respeito pela velhice. Deve-se ficar surpreso se essa consideração degenerou em abusos? Mas se exige mais, se aprende a exigir e finalmente se acha que esse tributo de homenagens é quase ofensivo, preferindo-se a competição pelos direitos, sim, exatamente o combate. Numa palavra, a mulher perde seu pudor. Ela desaprende a *temer* o homem. Mas a mulher que "desaprende o temor" sacrifica seus instintos mais femininos. Que a mulher se torne ousada, quando aquilo que inspira o temor no homem, ou mais exatamente, quando o *homem* no homem não é mais querido e disciplinado pela educação, que se torne ousada, portanto, é bastante frequente e também bastante fácil de compreender. O que se compreende mais dificilmente é que por isso mesmo... a mulher degenera. Ora, é o que acontece hoje: não nos iludamos! Em toda parte onde o espírito industrial obteve a vitória sobre o espírito militar e aristocrático, a mulher tende a conquistar a independência econômica e legal de um operário. A "mulher operária" está na porta da sociedade moderna em vias de formação. Enquanto a mulher conquista assim novos direitos, enquanto se esforça em se tornar "senhora" e inscreve o "progresso" em sua bandeira, chega ao resultado contrário com uma evidência terrível: a *mulher recua*. Desde a Revolução Francesa, a influência da mulher *diminuiu* na medida em que seus direitos e suas pretensões aumentaram; e a emancipação da mulher, a que aspiram as próprias mulheres (e não somente superficiais cérebros masculinos), se revela como um notável sintoma do enfraquecimento e do nervosismo progressivos dos instintos verdadeiramente femininos. Há *estupidez* nesse movimento, uma estupidez quase masculina, da qual uma mulher sadia – que é sempre uma mulher sensata – teria tido vergonha do fundo do coração. Perder o faro dos meios que levam mais seguramente à vitória; negligenciar o exercício de sua verdadeira arma; deixar correr perante o homem, talvez "até o livro", onde outrora se guardava a disciplina e uma humildade fina e astuta; abalar com uma audácia virtuosa a fé do homem num ideal fundamentalmente diferente *escondido* na mulher, num eterno feminino qualquer e necessário; eliminar do homem, com insistência e abundância, a ideia de que a mulher deve ser alimentada, cuidada, protegida e guiada como um terno animal doméstico, estranhamente selvagem e muitas vezes agradável; recolher desajeitadamente e com indignação tudo o que lembrava a escravidão e a servidão, na situação que ocupava e que ainda ocupa a mulher na ordem social (como se a escravidão fosse um argumento contra a alta cultura e não um argumento em seu favor, uma condição de toda elevação da cultura); que significa tudo isso senão a decadência do instinto feminino, a desfeminização da mulher. Sem dúvida, existe entre os asnos sábios do sexo masculino bastantes imbecis, amigos e corruptores de mulheres, que sugerem a estas despir-se dos traços de mulher e imitar todas as tolices que debilitam hoje na Europa o "homem", a "virilidade" européia – que gostariam de aviltar a mulher até a "cultura geral", ou mesmo até a leitura dos jornais e a política. Aqui e acolá, há quem gostaria de mudar as mulheres em livres pensadoras e literatas. Como se a mulher sem piedade não fosse para o homem profundo e ímpio uma coisa perfeitamente chocante e ridícula. Quase em toda parte se desgastam os nervos com a mais enervante e a mais perigosa música que houver (nossa música alemã moderna). Consegue-se assim torná-las cada dia mais histéricas e mais inaptas para desempenhar sua função primeira e última, que é a de colocar no mundo filhos sadios. Pretende-se "instruí-las" ainda mais e, como se diz, *fortalecer* "o sexo frágil" por meio da cultura: como se a história não mostrasse, tão claramente quanto possível, que a "cultura" do ser humano e seu enfraquecimento – isto é, o enfraquecimento, a dispersão, a decadência da *vontade* – sempre caminharam juntos e que as mulheres mais poderosas do mundo, aquelas que tiveram maior influência (ultimamente ainda, a mãe de Napoleão), eram devedoras de seu poder e de seu império sobre os homens à força de vontade – e não a mestres de escola! O que na mulher inspira respeito e muitas vezes temor é sua *natureza*, que é muito "mais natural" que a do homem, sua flexibilidade e sua astúcia de fera, suas garras de tigresa sob as luvas, sua ingenuidade no egoísmo, seu instinto selvagem indomável, a imensidão inatingível e a mobilidade de suas paixões e de suas virtudes... O que, apesar do temor que se tem, incita à piedade por essa gata perigosa e bela – "a mulher" –

é que ela parece mais sujeita a sofrer, mais vulnerável, mais sedenta de amor e condenada à desilusão mais que qualquer outro animal. O temor e a piedade: é com esses dois sentimentos que o homem se postava até agora diante da mulher, com um pé já na tragédia que, embora extasie, dilacera também. – E então! Isso vai terminar assim? Acaso se estaria por *romper o encanto* da mulher? Acaso se pretende lentamente torná-la enfadonha? Ó Europa! Europa! Conhecemos muito bem esse animal de chifres que sempre teve para ti os melhores atrativos e que tu sempre tiveste de temer! Tua antiga lenda poderia, uma vez mais, tornar-se "história". – Uma vez ainda, uma prodigiosa imbecilidade poderia se apoderar de teu espírito e te arrastar! E nenhum deus haveria de se esconder nela, não! Mas apenas uma "ideia", uma "ideia moderna"!

OITAVA PARTE
Povos e Pátrias

240

Acabo de assistir uma vez mais – e foi uma vez mais como se a ouvisse pela primeira vez – a abertura dos "Mestres Cantores" de Wagner: essa é uma arte magnífica, estupenda, pomposa e tardia que ousa, para ser compreendida, supor vivos ainda dois séculos de música; que honra para os alemães que semelhante audácia se tenha mostrado legítima. Que riqueza de seiva e de forças, quantas estações e climas estão aí misturados! Essa música tem ora um ar velhote, ora um ar estranho, ácido e muito verde; é ao mesmo tempo fantasiosa e pomposamente tradicional, às vezes maliciosa e espiritual, na maioria das vezes ainda áspera e grosseira – como tem fogo e vivacidade e, ao mesmo tempo, a pele flácida e pálida da casca das frutas que amadurecem tarde demais! Ela escorre, ampla e plena, depois vem repentinamente um momento inexplicável de hesitação, como um rombo que se estende e se alarga de novo a onda de bem-estar múltiplo, de felicidade antiga e nova em que se mescla *amplamente* a alegria que o artista se confere a si mesmo e do qual não se esconde, com sua surpresa exaltada para se sentir senhora dos recursos de arte que põe em ato, recursos de arte novos e virgens, como parece nos dar a entender. Numa palavra, nenhuma beleza, nada de meridional, nada da delicada clareza do céu do sul, nada relembra a graça, nenhuma dança, apenas um esforço de lógica, um certo peso, sobre o qual insiste o artista como se nos dissesse: "Ela corresponde à minha intenção." Uma destreza de grosseiro, uma fantasia e um luxo de selvagem, uma confusão de rendas e de preciosidades pedantescas e ultrapassadas, alguma coisa de alemão, no melhor e no pior sentido da palavra, uma coisa que é, à moda alemã, complexa, informe, inesgotável, uma certa potência, propriamente germânica, e uma plenitude transbordante da alma que não teme se furtar aos refinamentos da decadência – que talvez não se sinta verdadeiramente à vontade senão nesse local; uma expressão exata e autêntica da alma alemã, ao mesmo tempo jovem e velhota, ao mesmo tempo madura e muito rica de futuro; esse gênero de música traduz melhor que nenhuma outra coisa o que penso dos alemães: são de anteontem e de depois de amanhã – *eles não têm ainda um hoje.*

241

Nós, "bons europeus", também nós temos momentos em que nos permitimos um patriotismo cheio de coragem, um salto e um retorno a velhos amores e a antigos horizontes restritos – acabo de dar uma prova disso – momentos de efervescência nacional, de angústia patriótica, de momentos em que outros sentimentos antigos nos submergem. Espíritos mais pesados que nós levarão mais tempo para terminar aquilo que para nós não leva mais que algumas horas e passa em poucas horas: para alguns é necessária a metade de um ano, para outros a metade de uma vida humana, de acordo com a rapidez e a força de sua digestão e de seu "metabolismo". Poderia até mesmo imaginar raças obtusas e hesitantes que, em nossa Europa apressada, teriam necessidade de meios séculos para superar semelhantes excessos de patriotismo atávico e de apego à gleba, para recuperar a razão, isto é, para retornar ao "bom europeísmo": enquanto minha imaginação brinca com essa possibilidade, ocorre que sou testemunha da conversa de dois velhos "patriotas"; são ambos evidentemente duros de ouvido e só falam bem alto. "*Ele* entende tanto de filosofia como um camponês ou um estudante de corporação" – dizia um deles – "e ainda não conhece mais que eles. Mas que importa isso, hoje? Estamos na época das massas, as massas se prosternam diante de tudo aquilo que é massificante, *in politicis*[1] como em outra coisa. Um

---
(1) Expressão latina que significa *em política, em questões políticas* (N. do T.).

homem de Estado que lhes erguer uma nova Torre de Babel, um monstro qualquer de império e de poder se chama "grande" para eles: – que importa que nós, que somos mais prudentes e reservados, não abandonamos ainda provisoriamente a crença antiga que unicamente a grandeza do pensamento faz a grandeza de uma ação ou de uma coisa. Suponhamos que um homem de Estado coloque seu povo na situação de atuar doravante na "grande política", sabendo-se que é, por natureza, mal dotado e mal preparado: teria necessidade de sacrificar suas velhas e seguras virtudes por amor de novas mediocridades duvidosas – admitindo que um homem de Estado condene seu povo a fazer política de uma maneira geral, enquanto que esse povo tinha até o presente coisa melhor para fazer e para pensar e que, no fundo de sua alma, não podia se desembaraçar do desgosto cheio de desconfiança que lhe inspirava a agitação, o vazio, o espírito rumoroso e briguento dos povos realmente políticos: – admitindo que semelhante homem de Estado aguilhoe as paixões e as cobiças latentes de seu povo, que o recrimine por sua timidez de ontem e por seu prazer em permanecer como espectador, um crime de seu exotismo e de seu gosto secreto do infinito, que deprecia diante dele suas inclinações mais íntimas, que volta à sua consciência, que torna seu espírito estreito, seu gosto "nacional" – como! um homem de Estado que fizesse tudo isso, um homem do qual um povo deveria expiar os erros até no futuro mais distante, admitindo que ele tenha um futuro, como semelhante homem seria *grande*?" – "Indubitavelmente! – lhe responde vivamente o outro velho patriota – de outro modo não teria *podido* fazer o que fez! Era talvez louco ao querer isso, mas talvez tudo o que é grande começou por ser louco! – Que abuso de palavras! exclamou seu interlocutor: – forte, forte, forte! e louco, mas não grande!" – Os dois velhos se haviam visivelmente exaltado, jogando desse modo suas verdades na cara. Mas eu, em minha beatitude, dizia comigo que logo essa força triunfaria sobre outra força; e por isso há uma compensação diante do amesquinhamento de um povo; é que outro povo se torna mais profundo.

242

Que se chama "civilização" ou "humanização" ou "progresso" o que distingue hoje os europeus; que se chame isso simplesmente, sem elogio nem recriminação, com uma fórmula política, o movimento *democrático* na Europa: atrás de todos os primeiros planos políticos e morais designados para semelhante fórmula, se realiza um imenso processo *fisiológico*, cujo fluxo cresce cada dia – o processo de homogeneização dos europeus, dos europeus que se afastam cada vez mais das condições que fazem surgir raças vinculadas pelo clima e pela hierarquia e que se libertam cada dia mais de todo *meio definido* que gostaria de se implantar durante séculos nas almas e nos corpos, como as mesmas reivindicações – a lenta aparição, portanto, de uma espécie de homens essencialmente *supranacional* e nômade que, como sinal distintivo possui, falando fisiologicamente, um máximo de faculdade e de força de adaptação. Esse processo de *criação do europeu*, que poderia ser retardado em sua marcha por grandes voltas para trás, mas que, por isso mesmo, ganharia talvez e cresceria em veemência e em profundidade – a *impetuosidade* sempre vivaz do "sentimento nacional" faz parte, do mesmo modo que o anarquismo crescente: – esse processo terá provavelmente resultados que seus ingênuos promotores e protagonistas, os apóstolos da "ideia moderna", prevêem menos. Essas mesmas condições novas que resultarão a médio prazo no nivelamento e no abaixamento do homem, do animal de rebanho homem, hábil, trabalhador, útil e utilizável de forma múltipla – essas condições são aptas no mais alto grau a produzir seres de exceção, da qualidade mais perigosa e mais atraente. De fato, enquanto essa faculdade de adaptação que atravessa condições sem cessar variáveis e que começa um novo trabalho com cada geração, a cada quase dez anos, torna impossível a *potência* do tipo; enquanto o espírito geral desses europeus do futuro será provavelmente aquele desses operários tagarelas, pobres de vontade e muito maleáveis que *têm necessidade* do patrão e do chefe como do pão cotidiano; portanto, enquanto a democratização da Europa tender à criação de um tipo preparado para a *escravidão,* no sentido mais sutil, em casos singulares e excepcionais, o homem forte se tornará necessariamente mais forte e mais rico como jamais pudera sê-lo até agora – graças à falta de preconceitos em sua educação, graças à formidável multiplicidade de seu *savoir-faire*, de sua arte e de suas máscaras. Gostaria de dizer que a democratização na Europa é ao mesmo tempo uma preparação involuntária para o surgimento de *tiranos* – palavra que deve ser entendida em todos os sentidos, mesmo naquele mais espiritual.

243

Ouvi com prazer que nosso sol se desloca velozmente para a constelação de Hércules. E espero que nós humanos que habitamos na terra imitemos o sol. Então, avante, também nós, bons europeus!

244

Houve um tempo em que se dava habitualmente aos alemães o epíteto de "profundos": hoje que o neo-germanismo na moda tem pretensões totalmente diversas e recriminaria de boa vontade aquilo que tem profundidade como sendo muito pouco "incisivo", seria oportuno e patriótico perguntar se esse antigo elogio não era um equívoco, se essa pretensa profundidade alemã não era no fundo alguma coisa diversa e pior – alguma coisa de que, graças a Deus, se estaria a ponto de se livrar. Vamos tentar ver, portanto, mais claramente essa profundidade germânica. Basta para isso dissecar um pouco a alma alemã. – A alma alemã é antes de tudo composta, de origens múltiplas, feita de elementos juntados e acumulados, mais que verdadeiramente construída: isso se reporta à sua proveniência. Um alemão que ousasse exclamar: "Eu trago em mim, ai!, duas almas!" se enganaria por um bom número de almas. Povo disparatado, feito de uma mistura e de uma confusão indescritível de raças, talvez com uma predominância dos elementos pré-arianos, "povo do meio" em todos os sentidos da palavra, os alemães são, para eles mesmos, mais inapreensíveis, mais indefinidos, mais contraditórios, mais desconhecidos, mais imprevisíveis, mais surpreendentes que os outros povos: – fogem de toda *definição* e isso já basta para provocar o desespero dos franceses. É significativo que a pergunta: "Quem é alemão?" fica sempre em aberto. Kotzebue conhecia evidentemente muito bem os alemães: "Somos precisamente nós!" –

exclamaram aclamando-o – mas Sand, também ele, acreditava conhecê-los muito bem. Jean-Paul sabia o que fazia quando protestou com ira contra os elogios e os exageros mentirosos, mas patrióticos, de Fichte – mas é provável que dando razão a Jean-Paul contra Fichte, Goethe pensava dos alemães outra coisa. Que pensava realmente Goethe dos alemães? Para muitas pessoas próximas dele, nunca se explicou claramente e soube guardar, durante toda a sua vida, um hábil silêncio: - ele tinha sem dúvida boas razões para isso. Mas o que é certo é que não foram as "guerras de liberação" nem por outro lado a Revolução Francesa que lhe deram uma alegria muito viva – o acontecimento que transformou seu *Fausto*, que transformou todo o seu pensamento sobre o homem, foi o aparecimento de Napoleão. Há palavras de Goethe que são como um veredicto impaciente e duro pronunciado por um estrangeiro contra o que é o orgulho dos alemães; chega a definir o célebre *Gemüth* (alma, coração, temperamento sensível) germânico como "a indulgência pelas fraquezas dos outros e pelas próprias". Está errado? – Os alemães têm isso de particular, que raramente a gente se engana quando emite um juízo sobre eles. A alma alemã tem galerias e corredores, cavernas, esconderijos, redutos; sua desordem tem o encanto daquilo que é misterioso. O alemão conhece bem as vias tortuosas que levam ao caos e, como toda coisa ama seu símbolo, o alemão gosta das nuvens e de tudo o que é indistinto, nascente, crepuscular, úmido e velado; o incerto, o informe, o que se move, o que cresce, ele o sente como "profundo". O próprio alemão *não é*, ele se *torna*, "evolui". É por isso que a *"evolução"* é o achado próprio do alemão, aquele que o lançou no vasto império das fórmulas filosóficas: – ideia hoje soberana e que, aliada à cerveja alemã e à música alemã, está em vias de germanizar a Europa inteira. Os estrangeiros ficam estupefatos e encantados diante dos enigmas que lhes propõe a natureza contraditória que serve de fundo da alma alemã (problemas sistematizados por Hegel; Wagner fez melhor, ele os musicou). "Bons filhos e soturnos", coexistência que seria absurda se se tratasse de qualquer outro povo e que, ai!, é por demais realizado na Alemanha: tentem viver algum tempo entre os suevos! O peso do erudito alemão, sua falta de delicadeza social se alia deploravelmente muito bem com uma acrobacia mental e uma audácia na agilidade diante das quais todos os deuses aprenderam o temor. Querem ver a "alma alemã" *ad oculos*?[1] Lancem um olhar sobre o gosto alemão, sobre a arte alemã, sobre os costumes alemães: que indiferença de camponês por tudo o que diz respeito ao "gosto"! Que acotovelamento do que há de mais nobre com o que há de mais vulgar! Que desordem e que riqueza em toda a economia dessa alma! O alemão *arrasta* sua alma, arrasta longamente tudo o que lhe acontece. Digere mal os acontecimentos de sua vida, não termina nunca; a profundidade alemã não é muitas vezes senão uma digestão penosa e lânguida. E do mesmo modo que todos os doentes crônicos, todos os dispépticos têm uma propensão ao conforto, assim o alemão ama a "franqueza" e a "retidão": é tão *cômodo* ser franco e correto! O mais perigoso e o mais hábil disfarce de que é hoje capaz o alemão, talvez seja o que há de mais cândido, de adventício, de totalmente aberto na "honestidade" alemã; talvez aí esteja seu mefistofelismo próprio e saberá ainda "ir longe"! O alemão se deixa levar, observa com seus olhos alemães, límpidos, azuis e vazios – e logo o estrangeiro não o distingue mais em seu roupão de dormir! Eu queria dizer: que a "profundidade alemã", seja qual for – e porque não haveríamos de rir dela aqui entre nós? – faríamos bem em salvaguardar a honorabilidade de seu renome e não trocar com demasiada complacência nossa velha reputação de povo profundo com a pertinácia prussiana e com o espírito e os sabres de Berlim. É sábio para um povo fazer-se passar por profundo, por desajeitado, por bom filho, por honesto, por inábil; – talvez houvesse nisso – profundidade! E finalmente, deve-se realmente honrar seu nome: não é impunemente que se chama das "*tiusche Volk, das Täusche Volk*" – o povo que engana.

245

O "bom velho" tempo morreu, com Mozart entoou sua última canção: – que felicidade para *nós*, que seu rococó ainda nos fala, que o que há de "boa companhia", de ternos ardores, de gosto infantil pelas coisas chinesas e pelos enfeites, de polidez de coração, de aspiração por aquilo que é precioso, amoroso, dançante, sentimental, de fé no sul, que tudo isso

---
[1] Expressão latina que significa *sob os olhos* (N. do T.).

encontre ainda em nós *alguma coisa* que o entenda! Ai! virá um tempo em que tudo isso estará acabado! – Mas não se deve duvidar, a inteligência e o gosto de Beethoven passarão mais depressa ainda: de fato, este não foi mais que o último eco de uma transformação e de uma quebra de estilo; e não, como Mozart, a última expressão de todo um gosto europeu vivo havia séculos! Beethoven é o intérprete entre uma velha alma desgastada que se esfarrapa e uma alma mais jovem, que deve vir, que *surge*; sobre sua música se difunde o clarão crepuscular de uma eterna decepção e de uma eterna e excessiva esperança – esse mesmo clarão que banhava a Europa quando sonhava com Rousseau, quando dançava ao redor da árvore revolucionária da liberdade, quando se ajoelhava enfim aos pés de Napoleão. Como esse tipo de sentimento empalidece depressa, como já nos é difícil *saber* alguma coisa dele – como está distante e é estranha a linguagem dos Rousseau, dos Schiller, dos Shelley, dos Byron, que *todos juntos* encontraram as palavras para exprimir esse mesmo destino da Europa que cantava em Beethoven! Depois foi a vez, na música alemã, do romantismo: movimento histórico mais curto ainda, mais fugaz e mais superficial do que havia sido o entreato, a passagem de Rosseau a Napoleão e ao advento da democracia. Weber: mas o que significam para nós hoje o *Freischütz* e *Oberon*? Ou *Hans Heiling* e o *Vampyr* de Marschner! Ou mesmo *Tannhaüser* de Wagner! Música de que nos lembramos ainda, mas cujos toques se extinguiram. E mais, toda essa música do romantismo foi sempre muito pouco nobre, muito pouco música, para poder impor-se em qualquer parte que não fosse no teatro, diante da multidão; foi em seguida uma música de segunda classe, cujos verdadeiros músicos não se deram conta. Outra coisa foi Félix Mendelssohn, esse mestre alciônico, que deveu à sua alma mais leve, mais pura, mais feliz, ser rapidamente admirado, depois mais rapidamente esquecido: foi um belo *intermezzo* da música alemã. Quanto a Robert Schumann, que levou a sério sua função e que, logo a seguir, ele foi levado a sério – é o último a fundar uma escola – não julgamos todos hoje que é uma felicidade, um alívio, uma liberação, por termos superado enfim esse romantismo de Schumann? Esse Schumann refugiado na "Suíça saxônica" de sua alma, esse Schumann, meio Werther, meio Jean-Paul – certamente não tem nada de Beethoven nem de Byron; – sua música para *Manfred* é uma imperícia e um contra-senso que passam o que é permitido – esse Schumann com seu gosto próprio, gosto medíocre em suma (a saber, sua propensão ao lirismo silencioso e à efusão enternecida e transbordante, propensão duplamente perigosa na Alemanha), esse Schumann com seu andar sempre oblíquo, sem cessar assustado, em retirada e em recuo, essa alma nobre e sensível, sempre ardente de uma felicidade ou de um sofrimento impessoais, essa alma de jovem menina, *noli me tangere*[1] de nascença: – esse Schumann já era, em música, um fato puramente alemão e não era mais esse que havia sido Beethoven, o que havia sido Mozart num grau mais elevado, um fenômeno europeu; – e com ele, a música alemã corria seu maior perigo, aquele de perder a voz da *alma da Europa* e de cair na categoria medíocre de uma coisa puramente nacional.

246

Que martírio é a leitura dos livros alemães para aquele que possui a *terceira* orelha! Com que repugnância se detém junto desse pântano de movimento preguiçoso, de sons sem harmonia, de ritmos sem dança, que o alemão chama "livros"! E o alemão que *lê* livros! Como lê com preguiça e repugnância, como lê mal! Quantos alemães sabem, quantos perguntam para saber se há *arte* numa boa frase – arte que quer ser adivinhada, se a frase deve ser bem compreendida! Que se engane, por exemplo, no ritmo, e a própria frase é mal compreendida! Não ficar indeciso nas sílabas importantes do ponto de vista do ritmo, sentir como um encanto querido as infrações a uma simetria rigorosa, esticar uma orelha fina e paciente a cada *staccato*[2] e a cada *rubato*[3], e adivinhar o sentido que há na sequência das vogais e dos ditongos, adivinhar como, em sua sucessão, ternos e ricos, se coloram e se transformam: qual, entre os alemães que lêem livros, é bastante homem de boa vontade para reconhecer deveres e exigências dessa ordem, para prestar ouvidos a semelhante arte de intenções na linguagem? Em resumo, falta "ouvido" para essas coisas e não entendem os mais violentos

---

(1) Expressão latina que significa *não me toques* (N. do T.).
(2) Termo italiano usado em música que significa *destacado* (N. do T.).
(3) Termo italiano usado em música que indica *movimento livre* (N. do T.).

contrastes de estilo e o mais sutil domínio é *esbanjado* como diante dos surdos. – Esses foram meus pensamentos ao observar como se confundia, grosseiramente e sem duvidar, dois mestres na arte da prosa, um dos quais deixa cair as palavras gota a gota, friamente e com hesitação, como se essas palavras se filtrassem pela abóbada de uma caverna úmida – ele conta com sua sonoridade e sua associação – enquanto o outro se serve de sua língua como de uma espada flexível, sentindo correr desde seu braço até os artelhos, a alegria perigosa da lâmina cortante que gostaria de morder, silvar e decepar.

247

O fato de que são precisamente nossos bons músicos que escrevem mal mostra como o estilo alemão tem pouca relação com a harmonia e o ouvido. O alemão não lê em voz alta, não lê para o ouvido, mas somente com os olhos: colocou suas orelhas no armário. O homem da antigüidade, quando lia – isso acontecia raramente – lia para si mesmo, em voz alta; ficava intrigado ao ver alguém lendo em voz baixa e perguntava as razões disso. Em voz alta: isso significa com toda a inspiração de ar, com todas as inflexões de voz e com todas as mudanças de tom e as alterações de *tempo* que faziam a alegria da antiga via *pública*. Então, as leis de estilo escrito eram as mesmas daquelas de estilo oral, leis que dependiam, de uma parte, do extraordinário desenvolvimento, das refinadas exigências do ouvido e da laringe, de outra parte, da força, da duração e da potência do pulmão antigo. Um período à antiga é antes de tudo um conjunto fisiológico, uma vez que corresponde a uma respiração. Um período como aqueles de Demóstenes e de Cícero, ascendente e descendente por duas vezes e o todo de um só sopro: isso era um prazer para os homens *antigos* que sabiam apreciar o mérito, a raridade e a dificuldade do enunciado de semelhante período, graças à sua instrução: – nós, homens modernos, não temos em suma nenhum direito ao grande período, à respiração curta sob todos os aspectos. Os antigos eram eles próprios diletantes do discurso, por conseguinte, conhecedores, por conseguinte, críticos – é com isso que levavam seus oradores aos extremos, do mesmo modo que no século passado quase todos os italianos, homens e mulheres, sabiam cantar e a virtuose do canto atingia seu auge na Itália (ao mesmo tempo que a arte da melodia). Mas na Alemanha (exceção feita dos tempos mais recentes, em que uma espécie de eloqüência de tribuna agita tímida e pesadamente suas asas) não havia em suma senão uma espécie de discursos públicos *aproximadamente* submetidos às regras da arte: é a pregação pronunciada do alto do púlpito. Na Alemanha, somente o pregador sabia o peso de uma sílaba e de uma palavra, sabia como uma frase corre, salta, se precipita, jorra e se funde, só ele tinha consciência, pois há bastantes razões para crer que um alemão atinja raramente, quase sempre muito tarde, a perfeição no discurso. É por essa razão que a obra-prima da prosa alemã é, a justo título, a obra-prima de seu maior pregador: a *Bíblia* foi até o momento presente o melhor livro alemão. Ao lado da Bíblia de Lutero, quase todo o resto não é senão "literatura" – uma coisa que não cresceu na Alemanha e que, por conseguinte, não criou raízes nos corações alemães como o fez a Bíblia.

248

Há duas espécies de gênios: um cria e quer criar antes de tudo, o outro gosta de se deixar fecundar e de dar à luz. De igual modo, entre os povos geniais, há aqueles a que toca o problema feminino de engravidar e o dever secreto de formar, de amadurecer e de realizar – os gregos, por exemplo, eram um povo dessa natureza e também os franceses; e outros que têm a missão de fecundar e ser à causa de novas vidas – como os judeus, os romanos e talvez, seja dito com toda a modéstia, os alemães? – povos atormentados e extasiados por febres desconhecidas e impelidos irresistivelmente para fora de si próprios, cheios de amor e de desejo pelas raças estrangeiras (daquelas que se "deixam fecundar"), com isso despóticos como tudo aquilo que se sente cheio de forças geradoras, portanto, soberano pela "graça de Deus". Essas duas espécies de gênios se procuram, como o homem e a mulher; mas também se desconhecem mutuamente – como o homem e a mulher.

249

Cada povo possui sua própria hipocrisia e a chama sua virtude. – Não se conhece as próprias melhores qualidades, não se pode conhecê-las.

250

O que a Europa deve aos judeus? – Muitas coisas, boas e más e antes de tudo uma coisa que tem ao mesmo tempo do melhor e do pior: o grandioso em moral, a temível majestade das reivindicações infinitas, o sentido dos "valores" infinitos, todo o romantismo e todo o sublime dos enigmas morais – e por conseguinte, o que há de mais atraente, de mais cativante e de mais esquisito nos jogos de matizes e nas seduções da existência, cujo último clarão, a luz moribunda, talvez, abrasa hoje o céu crepuscular de nossa civilização européia. É por isso que nós, artistas, entre os espectadores e os filósofos, temos pelos judeus – gratidão.

251

É preciso resignar-se quando um povo que sofre e *quer* sofrer de febre nacional e de ambições políticas vê passar sobre seu espírito nuvens e perturbações diversas, numa palavra, pequenos acessos de imbecilidade: por exemplo, entre os alemães de hoje, ora a tolice antifrancesa, ora a tolice antijudaica ou antipolonesa, ora a tolice cristã-romântica, ora a tolice wagneriana, ora a tolice teutônica ou prussiana (observe-se, portanto, esses pobres historiadores, esses Sybel e esses Treitschke e suas grossas cabeças embrulhadas) e qualquer que seja o designativo que se queira conferir a esses pequenos obscurecimentos do espírito alemão. Que me perdoem, se também eu, depois de uma permanência curta e audaciosa num domínio muito infectado, não fui inteiramente poupado pela doença e se, como todos, me entreguei a fantasias sobre coisas que não me dizem respeito: primeiro sintoma de infecção política. Por exemplo, a respeito dos judeus, escutem. – Ainda não encontrei um alemão que goste dos judeus; é em vão que todos os sábios e os políticos condenam sem reserva o anti-semitismo, o que sua sabedoria e sua política reprovam é, não se enganem a respeito, não o próprio sentimento, mas unicamente seus temíveis desdobramentos e as inconvenientes e vergonhosas manifestações que esse sentimento uma vez desencadeado provoca. Dizem claramente que a Alemanha tem sua ampla cota de judeus, que o estômago e o sangue alemães deverão penar ainda por muito tempo antes de ter assimilado essa dose de "judeu", que não temos a digestão tão ativa como os italianos, os franceses, os ingleses: – e notem que essa é a expressão de um instinto que exige que se entenda e que se aja. "Nenhum judeu mais! Fechemos a eles as portas, sobretudo no lado leste (inclusive a Áustria)!" Isso é o que exige o instinto de um povo, cuja índole é ainda tão fraca e tão pouco marcada que correria o risco de ser abolido pela mistura de uma raça mais enérgica. Ora, os judeus são incontestavelmente a raça mais enérgica, a mais tenaz e a mais genuína que vive na Europa atual; eles sabem tirar partido das piores condições (melhor talvez que das mais favoráveis) e o devem a qualquer uma dessas virtudes que atualmente se pretende tomar por vícios, o devem sobretudo a uma fé robusta que não tem motivos para corar diante das "ideias modernas"; eles se transformam, quando se transformam, como o império russo conquista: a Rússia estende suas conquistas como império que tem muito tempo diante de si e que não data de ontem – eles se transformam seguindo a máxima: "Tão lentamente quanto possível!" O pensador que se preocupa com o futuro da Europa deve, em todas as suas especulações sobre esse futuro, contar com os judeus e os russos como os fatores mais certos e mais prováveis do jogo e do conflito de forças. Aquilo que na Europa de hoje é chamado uma "nação" é, na verdade, mais uma *res facta* do que uma *res nata*[1] (sim, ela tem, muitas vezes, todo o ar de ser uma *res ficta et picta*[2]); mas sem dúvida as "nações" atuais são coisas em formação, coisas jovens e facilmente modificáveis, não são ainda "raças" para não dizer o *aere perennius*[3], à maneira dos judeus: essas "nações" deveriam guardar-se de toda hostilidade e de toda concorrência irrefletida! É absolutamente certo que os judeus, se quisessem ou se fossem impelidos a isso, como os anti-semitas parecem fazê-lo, já *poderiam* ter a hegemonia, sim, no sentido

....
(1) Expressão latina que significa *coisa feita, coisa nascida* (N. do T.).
(2) Expressão latina que significa *coisa inventada coisa vendida* (N. do T.).
(3) Expressão latina que quer dizer *mais perene, durável que o bronze* (N. do T.).

estrito, ser donos da Europa; não é menos certo que *não* é isso que eles visam. Pelo contrário, o que querem no momento e o que pedem até com alguma insistência é de serem absorvidos e assimilados pela Europa; têm sede de ter um local onde possam se fixar e gozar, enfim, de alguma tolerância e consideração; têm sede de acabar com sua existência nômade e de "judeu errante"; – essa aspiração denota talvez já uma atenuação dos instintos judaicos e seria muito justo de levar isso em consideração e acatá-lo: poder-se-ia muito bem começar por jogar porta a fora os agitadores anti-semitas. Ser amável, mas com precaução, e escolher: a atitude da nobreza da Inglaterra é um exemplo bastante bom. É evidente que na Alemanha aqueles que arriscariam menos ao estabelecer relações com eles são os tipos mais enérgicos e já fortemente impregnados do neo-germanismo, por exemplo, os oficiais nobres da Marca prussiana: seria de grande interesse sob todos os aspectos tentar e enxertar um no outro a arte de comandar e de obedecer – clássica no país que acabo de citar – e o gênio do dinheiro e da paciência (com seu aporte de intelectualidade, coisa que ainda faz realmente falta nesse mesmo país). Mas é isso que mais precisa de patriotismo jovial e solene; eu me detenho, pois estou na soleira da questão que toca meu coração mais que qualquer outra, na soleira do "problema europeu", como o entendo, quero referir-me à seleção de uma nova casta destinada a reinar na Europa.

252

Não são certamente uma raça filosófica esses ingleses! Bacon significa um *atentado* contra todo o espírito filosófico; Hobbes, Hume e Locke são, durante mais de um século, uma depreciação e um aviltamento da própria ideia de "filosofia". É *contra* Hume que se insurgiu Kant; é de Locke que Schelling *teve o direito de dizer*: "*Desprezo Locke*"; é na luta contra o mecanismo à inglesa que faz do universo uma máquina estúpida que Hegel e Schopenhauer (com Goethe) concordaram – Hegel e Schopenhauer, esses dois homens de gênio, irmãos inimigos em filosofia que eram atraídos, cada um de seu lado, para pólos opostos do pensamento alemão, foram injustos um com o outro, como somente irmãos sabem sê-lo. O que falta aos ingleses e sempre lhes faltou, o sabia bem esse reitor meio comediante, esse trapalhão desprovido de gosto como foi Carlyle e seus trejeitos convulsos não tiveram outro objetivo senão disfarçar o defeito que sabia ter – a *falta* de verdadeira *potência* intelectual, de verdadeira *profundidade*, de intuição, em resumo, de filosofia. – É um fato significativo, numa raça tão desprovida de filosofia, seu apego obstinado ao cristianismo: *necessita* dessa disciplina para se "moralizar" e se humanizar. O inglês, mais morno, mais sensual, mais enérgico e mais brutal que o alemão, é por essa razão mesmo que é o mais rude dos dois, mais piedoso que o alemão: é que tem ainda *mais necessidade* que ele do cristianismo. Para um olfato um pouco mais sutil, há nesse cristianismo inglês um perfume eminentemente inglês para o baço e para abuso de álcool; contra isso é, a justo título, destinado a servir – veneno delicado contra veneno grosseiro: com efeito, para povos muito rudes, uma intoxicação delicada é já um progresso, um passo para a espiritualização. É ainda na gesticulação cristã, na oração e nos salmos que o peso e a rusticidade séria dos ingleses encontram seu disfarce, ou melhor, sua expressão e sua tradução mais suportáveis e talvez, para todo esse gado de beberrões e libertinos que aprendeu outrora a arte dos grunhidos morais na rude escola do metodismo e que a aprende hoje no Exército da Salvação, a cãibra do arrependimento é relativamente o mais alto rendimento de "humanidade" que se possa auferir: isso, eu o concedo de bom grado. Mas o que é intolerável, mesmo no inglês mais aperfeiçoado, é sua falta de sentimento musical, para falar no sentido figurado (e também no real): em todos os movimentos de sua alma e de seu corpo, não tem medida nem dança, não tem até mesmo um desejo de medida e de dança, de música. Escutem-no falar: observem as mais belas inglesas caminhando: não há no mundo patos mais belos nem mais belos cisnes; – por fim, escutem-nos cantar! Mas já estou pedindo muito...

253

Há verdades que não penetram em nenhum lugar melhor do que nas cabeças medíocres, porque são feitas na justa medida; há verdades que não têm atrativo e encanto senão para as inteligências medíocres; essa proposição, talvez desagradável, é mais que nunca adequada hoje que o pensamento de ingleses respeitados mas medíocres – refiro-me a Darwin, John Stuart Mill e Herbert Spencer – começam a exercer soberana influência na região média do gosto europeu. Para dizer a verdade, quem pensaria em contestar que de tempos em tempos a predominância de espíritos *desse gênero* tenha sua utilidade? Seria um engano julgar os espíritos de raça, os espíritos que surgem à parte, como particularmente aptos a estabelecer, a coligir, a recolher em fórmulas a massa dos pequenos fatos comuns; estão, pelo contrário, na qualidade de exceções, numa situação muito desvantajosa com relação a "regras". E além disso, devem fazer outras coisas distintas do que apenas conhecer: sua *tarefa* é *ser* alguma coisa de novo, *significar* alguma coisa de novo, apresentar novos *valores*. O abismo entre o saber e o *poder* agindo é talvez mais amplo e mais vertiginoso do que se possa crer: o homem de ação de grande envergadura, o criador poderia muito bem ser um ignorante, enquanto que, por outro lado, para as descobertas científicas à maneira de Darwin, não é impossível que uma estreiteza, uma certa aridez e uma paciente minúcia, que numa palavra alguma coisa de inglês seja uma feliz predisposição. Não se deve esquecer que já uma vez os ingleses, graças à sua profunda mediocridade, provocaram uma depressão geral do espírito na Europa: o que se chama "as ideias modernas" ou "as ideias do século XVIII", ou ainda "as ideias francesas", tudo aquilo contra o que o espírito *alemão* se insurgiu com um profundo desgosto, tudo isso é incontestavelmente de origem inglesa. Os franceses não foram senão os macacos e os comediantes dessas ideias, como foram seus melhores soldados e infelizmente também as primeiras e mais completas *vítimas*: de fato, sob o efeito da maldita anglomania das "ideias modernas", a alma francesa acabou por se adelgaçar e definhar a tal ponto que hoje seus séculos XVI e XVII, sua energia profunda e ardente, a distinção refinada de suas criações não são mais que uma lembrança difícil de acreditar. Mas, contra a moda de hoje e contra as aparências, é preciso defender essa proposta que é de simples honestidade histórica e não desistir dela: tudo o que a Europa conheceu de *nobreza* – nobreza da sensibilidade, do gosto, dos costumes, nobreza em todos os sentidos elevados do termo – tudo isso é obra e criação própria da *França*; e a vulgaridade européia, a mediocridade plebéia das ideias modernas é obra da *Inglaterra*.

254

Ainda hoje, a França é o refúgio da cultura mais intelectual e mais refinada da Europa e permanece a grande escola do bom gosto, mas é preciso saber descobri-la, essa "França do bom gosto". Quem faz parte dela se mantém cuidadosamente escondido: - eles são pouco numerosos e nesse pequeno número, se encontram ainda alguns, talvez, que não estão bem firmes das pernas, seja fatalistas, melancólicos, doentes, seja ainda neuróticos e artificiais que põem todo seu *zelo* em ficar escondidos. Têm isso de comum, que tapam os ouvidos para não ouvir a tolice desencadeada e a gritaria barulhenta do burguês democrático. De fato, o que está em primeiro plano é uma França apatetada e tornada grosseira – essa França que, bem recentemente, nos funerais de Victor Hugo, se entregou a uma verdadeira orgia de mau gosto e de autoglorificação. Outro traço ainda é comum aos homens da "França do gosto": uma vontade resoluta em defender-se da germanização intelectual e uma impotência ainda maior em triunfar nessa luta. Desde já, acredito muito que nessa França inteligente, que é também uma França pessimista, Schopenhauer é mais conhecido nela do que jamais o foi na Alemanha; não falo de Heinrich Heine, que há muito tempo se transferiu para a carne e o sangue dos líricos parisienses mais refinados e preciosos, ou de Hegel que, na pessoa de Taine – isto é, do primeiro dos historiadores vivos – exerce uma influência soberana, quase tirânica. Quanto a Richard Wagner, mais a música francesa se adapta às exigências reais da *alma moderna*, mais, pode-se predizê-lo, se torna wagneriana; isso já acontece claramente! Há, no entanto, três coisas hoje ainda que os franceses podem exibir com orgulho como seu patrimônio próprio, como a marca indelével de sua antiga supremacia cultural sobre a Europa, a despeito de tudo o que fizeram ou deixaram de fazer para germanizar e democratizar seu gosto. A primeira é a capacidade de paixões artísticas, de entusiasmo pela "forma", é essa faculdade para a qual foi criada, entre mil outras, a expressão "*arte pela arte*"; ela sempre existiu na França há três séculos e, graças ao respeito que inspira o "pequeno número", ela sempre tornou possível a existência de uma literatura de escol, de uma espécie de "música de câmara" da literatura, que seria procurada em vão no resto da Europa. – A segunda superioridade dos franceses sobre a Europa é sua velha e rica cultura moralista, graças à qual existe em média, mesmo nos pequenos romancistas dos jornais e em qualquer vagante pelos bulevares de Paris uma sensibilidade e uma curiosidade psicológicas de que os outros, os alemães por exemplo, não têm ideia (para não dizer outra coisa). Os alemães não tiveram o que era necessário para chegar a isso: esses poucos séculos de ativa educação moralista, que a França não poupou a si mesma; por isso, qualificar os alemães de "ingênuos" é transformar em mérito o que é um defeito. (Aí está o que forma um perfeito contraste à inexperiência alemã e à sua inocente abstenção *in voluptate psychologica* (1) – o mortal aborrecimento das relações entre alemães é parente bastante próximo dessa inocência – e aí está quem exprime perfeitamente a curiosidade natural aos franceses e sua ricqueza inventiva nesse mundo de emoções delicadas: refiro-me a Henry Bayle, esse precursor e esse adivinhador admirável que, de um andar à Napoleão, percorreu sua Europa, vários séculos da alma européia, descobrindo e analisando essa alma: – foram necessárias duas gerações para poder *alcançá-lo,* para adivinhar alguns dos enigmas que o atormentavam e extasiavam, a ele, esse surpreendente epicurista e esse curioso interrogador que foi o último grande psicólogo da França). – Resta ainda uma terceira superioridade: há no fundo da alma francesa uma síntese quase concluída do norte e do sul; os franceses devem a esse traço de sua natureza compreender muitas coisas e fazer outras tantas que os ingleses não conseguiriam nunca. Seu temperamento que por períodos regulares o sul atrai ou rejeita, seu temperamento que de tempos em tempos inunda o sangue provençal e lígure os preserva do horrível "cinzento sobre cinzento" do norte, contra as ideias-fantasmas sem sol e contra a anemia, nossa doença do gosto, própria de nós alemães, que nesse momento mesmo tratamos de modo incisivo, organizando-nos a ferro e sangue, falo da "grande política" (tratamento perigoso que me ensina a ter paciência, mas não a esperar). Ainda hoje na França se sabe pressentir e adivinhar a chegada desses homens raros e difíceis para quem não basta ser de uma pátria e que sabem amar o sul no norte, o norte no sul – esses "mediterrâneos" natos, esses "bons europeus". É para eles que Bizet compôs música, Bizet, o último gênio que viu uma nova beleza e uma nova sedução – Bizet que descobriu uma terra nova: *o sul da música.*

255

Acredito realmente que precauções se impõem com relação à música alemã. Se alguém ama o sul como eu, como uma grande escola de cura do espírito e dos sentidos, como uma irresponsável abundância de sol, uma transfiguração radiante sobre uma existência soberana e confiante: pois bem! esse aprenderá a pôr-se um pouco em guarda contra a música alemã, porquanto, ao lhe estragar novamente o gosto, ela lhe arruína ao mesmo tempo a saúde. Um meridional, não de origem mas de *fé,* deverá, se sonhar com o futuro da música, sonhar também que seja franqueada no norte. É preciso que tenha em seus ouvidos o prelúdio de uma música mais profunda, mais potente, talvez mais maldosa e mais misteriosa, de uma música supra-alemã que, diante do azul do mar voluptuoso e da claridade do céu mediterrâneo, não se esvairá, não empalidecerá e não se enternecerá, como o faz a música alemã, de uma música supra-européia que guardará seu direito, mesmo diante dos escuros ocasos do sol nos desertos, nos quais a alma será parente das palmeiras e que poderia permanecer e se mover entre as grandes feras, belas e solitárias... Eu poderia imaginar uma música, cujo fascínio raríssimo consistisse em nada saber do bem nem do mal; de tempos em tempos somente passaria talvez sobre ela uma nostalgia de marinheiro, sombras douradas e lânguidas fraquezas: seria uma arte que chegaria para fugir em direção a ele, vindas das grandes distâncias as mil cores do ocaso de um mundo moral tornado quase incompreensível e que fosse bastante hospitaleiro e bastante profundo para acolher esses fugitivos atrasados.

256

Graças às divisões mórbidas que a loucura das nacionalidades suscitou e ainda suscita entre os povos da Europa, graças aos políticos de vista curta e mãos prontas que reinam hoje com a ajuda do patriotismo, sem suspeitar a que ponto sua política de desunião é fatalmente uma simples política de entreato – graças a tudo isso e a muitas outras coisas ainda que não podem ser ditas hoje se desconhece ou se deforma mentirosamente os sinais que provam de maneira mais manifesta que a Europa quer *se tornar una*. Todos os homens um pouco profundos e de espírito abrangente que esse século viu direcionaram para esse objetivo único o trabalho secreto de sua alma: eles quiseram traçar os caminhos de uma nova *síntese* e tentaram realizar em si mesmos o europeu do futuro; se pertenceram a uma "pátria", isso só ocorreu nas regiões superficiais de sua inteligência ou nas horas de desânimo ou quando a idade chegou – descansavam de si mesmos, tornando-se "patriotas". Penso em homens como Napoleão, Goethe, Beethoven, Stendhal, Heinrich Heine, Schopenhauer. Não incorrerei em reprovação se a estes nomes juntar o de Richard Wagner, acerca do qual não é preciso deixar-se induzir a formar um falso conceito sobre a base de seus próprios equívocos – a gênios de sua espécie raramente lhes é dado compreender-se a si mesmos. E que não se deixe ninguém enganar pelo rumor indevido, por meio do qual, nesse mesmo momento na França se procura rejeitá-lo e expulsá-lo: isso não impede que subsista um parentesco estreito e íntimo entre o romantismo tardio dos franceses dos anos 1840 e Richard Wagner. Eles têm em comum as mesmas mais elevadas e mais profundas aspirações: é a alma da Europa, da Europa una que, sob a veemente diversidade de suas expressões artísticas, se esforça para outra coisa, para uma coisa mais elevada. – Para quê? Para uma luz nova? – Para um sol novo? Mas quem se empenharia em explicar com precisão o que não souberam enunciar claramente esses mestres, criadores de novos modos de expressão artística? Uma só coisa é certa, é que foram atormentados por um mesmo ímpeto, é que *procuraram* da mesma maneira, eles, os últimos grandes investigadores! Todos dominados pela literatura que impregnava até seus olhos e seus ouvidos, foram os primeiros artistas que tiveram uma cultura literária universal; quase todos os próprios escritores ou poetas, manejando quase todos diversas artes e diversos sentidos e interpretando-os um pelo outro (Wagner, como músico é um pintor, como pintor é um músico e, de uma maneira geral, enquanto artista é um comediante); todos fanáticos da expressão a qualquer custo – penso sobretudo em Delacroix, parente muito próximo de Wagner – todos grandes exploradores no domínio do sublime, como também do feio e do hediondo, maiores inventores ainda em matéria de efeito, de encenação, de exposição; todos tendo um talento muito além de seu gênio – impregnados de virtuosismo até a medula dos ossos, conhecedores dos acessos secretos daquilo que seduz, encanta, coage, subjuga; todos inimigos natos da lógica e das linhas retas, sedentos do estranho, do exótico, do monstruoso, do disfarçado, do contraditório; como homens, todos Tântalos da vontade, plebeus aventureiros, igualmente incapazes de um andar nobre, medido e lento na conduta de sua vida e em sua produção artística – pensem, por exemplo, em Balzac – trabalhadores desenfreados, devorando-se a si mesmos à força de trabalho; inimigos das leis e revoltados em moral, ambiciosos e insaciáveis sem medida, sem descanso; todos, enfim, chegando a se dilacerar e a desmoronar aos pés da cruz cristã (e tinham razão: de fato, quem dentre eles teria tido bastante profundidade e espontaneidade criadora para uma filosofia do *Anticristo*?). Em suma, essa foi toda uma espécie de homens superiores até a loucura, magnificamente violentos, eles próprios exaltados e exaltando os outros com um ímpeto soberbo, destinados somente a ensinar a seu século – ao século da *multidão*! – o que é um "homem superior"... Que os amigos alemães de Wagner se perguntem se há na arte wagneriana algo que seja especificamente alemão ou se o caráter distintivo dessa arte não é precisamente derivar de fontes e de sugestões *supra-alemãs*: nessa avaliação, deve-se dar o lugar que merece ao fato de que foi preciso Paris para dar a Wagner sua marca própria, que ali se sentiu levado a um irresistível entusiasmo pela época mais decisiva de sua vida e que não se formulou definitivamente a ele próprio seus projetos a não ser quando teve sob os olhos como modelo o socialismo francês. Uma análise mais delicada estabelecerá talvez, em honra daquilo que há de alemão em Wagner, que fez tudo de uma maneira mais forte, mais audaciosa, mais rude, mais elevada que não poderia tê-lo feito um francês do século XIX – graças ao fato de que nós alemães ficamos mais próximos da barbárie que os franceses; – talvez mesmo o que Wagner criou de mais surpreendente será para sempre inatingível, incompreensível, inimitável para toda a raça latina tão tardia: refiro-me à figura de Siegfried, esse homem *muito livre*, demasiadamente livre, talvez, e muito rude e demasiado alegre e demasiado saudável e demasiado *anticatólico* para o gosto de povos muito velhos e muito civilizados. Talvez mesmo esse Siegfried antilatino fosse um pecado contra o romantismo; mas esse pecado, Wagner o resgatou amplamente em sua triste e confusa velhice quando, antecipando uma moda que depois se tornou uma política, se pôs, com toda a sua veemência religiosa, a pregar aos outros, senão empreendendo ele mesmo, *o caminho que leva a Roma*. Para evitar equívocos sobre essas últimas palavras, vou recorrer a alguns versos saborosos que revelarão a todas as orelhas mais rudes, o que eu quero – o que quero do "Wagner do último período" e de sua música de *Parsifal:*

– É ainda alemão? –

É dos corações alemães que surgiu esse pesado grito

E são os corpos alemães que assim se mortificam?

Alemãs são essas mãos estendidas de padres que abençoam,

E alemães esses ferimentos, essas quedas e esses vacilos,

Esses incertos zumbidos?

Essas olhadelas de monjas, esses *Ave*, esses bim-bam?

Esses êxtases celestes, esses falsos arrebatamentos,

– É ainda alemão?

Reflitam! Estão ainda às portas,

Pois o que ouvem, é Roma,

A fé de Roma, sem palavras!

NONA PARTE
O QUE É NOBRE?

257

Toda elevação do tipo "homem" foi até agora obra de uma sociedade aristocrática – e sempre será assim: de uma sociedade que acredita numa longa escala na hierarquia e nas diferenças de valor de homem a homem e que tem necessidade da escravidão num sentido ou no outro. Sem o *páthos da distância,* tal como se desprende da diferença das classes, do olhar perscrutador e altivo que a casta dirigente lança sem cessar sobre seus súditos e seus instrumentos, sem a prática do mandamento e da obediência, bem como constante nessa casta um hábito que impele a manter à distância e a oprimir, esse outro sentimento mais misterioso não teria podido se desenvolver, esse desejo sempre novo de aumentar as distâncias no interior da própria alma, esse desenvolvimento de condições sempre mais elevadas, mais raras, mais distantes, mais amplas, mais desmesuradas, em resumo, a elevação do tipo "homem", a perpétua "auto-superação do homem" para empregar uma fórmula moral num sentido supramoral. Na verdade, não se deve ter ilusões humanitárias sobre a história das origens de uma sociedade aristocrática (que é a condição de toda elevação do tipo "homem"): a verdade é dura. Digamos sem meias-palavras, mostremos como até agora *começou* na terra toda civilização elevada! Homens de uma natureza ainda natural, bárbaros no mais temível sentido da palavra, homens de rapina, de posse de uma força de vontade e de uma sede de poder ainda intactas se lançaram sobre raças mais fracas, mais civilizadas, mais pacíficas, talvez comerciantes ou pastoris, ou ainda sobre civilizações amolecidas e envelhecidas, nas quais as últimas forças vitais se extinguiam num fogo brilhante de artifícios de espírito e de corrupção. A casta nobre foi sempre na origem a casta dos bárbaros. Sua superioridade não residia antes de tudo em sua força física, mas em sua força psíquica. Ela se compunha de homens *mais completos* (aquilo que, em todos os graus, volta a significar "animais mais completos").

258

A corrupção que exprime uma ameaça de anarquia nos instintos e um abalo fundamental nesse edifício das paixões que constitui a vida, essa corrupção é muito diversa, segundo o organismo em que se manifesta. Quando, por exemplo, uma aristocracia como a aristocracia francesa no começo da Revolução rejeita seus privilégios com um sublime desgosto e se oferece ela própria em sacrifício diante do transbordamento de seu sentimento moral, essa é realmente corrupção: – na realidade, não se deve ver aí senão o ato final desses séculos de corrupção persistente, por meio da qual essa aristocracia havia abdicado passo a passo de seus direitos senhoris para se rebaixar a não ser mais que uma *função* da realeza (para terminar por ser enfim sua aparência e seu traje de pompa). O que distingue, pelo contrário, uma boa e sã aristocracia é que ela não tem o sentimento de ser uma função (seja da realeza, seja da comunidade), mas o sentido e a mais elevada justificação da sociedade – é que ela aceita, em decorrência, de coração leve, o sacrifício de uma multidão de homens que, *por causa dela*, devem ser reduzidos e rebaixados ao estado de homens incompletos, de escravos e de instrumentos. Essa aristocracia terá uma lei fundamental: a saber, que a sociedade não deve para a sociedade, mas somente como uma infra-estrutura e um sustentáculo, graças ao qual seres de elite podem se elevar até uma função mais nobre e chegar, simplesmente, a uma *existência* superior. Como essa planta trepadora de Java – chamada *cipó matador* – que, ávida de sol, aprisiona com suas múltiplas raízes o tronco de um carvalho, de tal modo que por fim ela se eleva bem acima dele, mas apoiada em seus ramos, desenvolvendo sua coroa ao ar livre para exibir sua felicidade aos olhos de todos.

259

Abster-se reciprocamente de agressão, de violências, da exploração, identificar sua vontade com a dos outros: isso pode passar, entre indivíduos, por ser de bom tom, mas somente de um ponto de vista grosseiro e quando se interpõem condições favoráveis (isto é, quando suas forças são iguais, as medidas de valor são as mesmas e fazem parte do mesmo corpo). Mas desde que seja impelido para mais longe esse princípio, desde que se queira fazer dele o *princípio fundamental da sociedade,* percebe-se que se afirma por aquilo que realmente é: vontade de *negar* a vida, princípio de decomposição e de declínio. Aqui convém aprofundar o pensamento e ir até o fundo das coisas, guardando-se de toda fraqueza sentimental: a própria *vida* é essencialmente apropriação, agressão, sujeição daquilo que é estranho e mais fraco, opressão, rigor, imposição das próprias formas, assimilação e, no mínimo no caso mais brando, exploração – mas por que empregar sempre palavras às quais desde sempre foi ligado um sentido calunioso? Esse corpo social, no seio do qual, como foi suposto anteriormente, as unidades se tratam como iguais – é o caso em toda aristocracia sadia – esse corpo, se ele próprio é corpo vivo e não um organismo que se desagrega, deve ele próprio agir, com relação aos outros corpos, exatamente como não agiriam umas em relação às outras suas próprias unidades: deverá ser a vontade de potência incarnada, quererá crescer, se estender, atrair, chegar à preponderância – não por um motivo moral ou imoral, mas porque vive e porque a vida é precisamente vontade de potência. Em nenhum ponto a consciência comum dos europeus tem hoje mais reticências a aprender que nesse; agora se sonha em toda parte, mesmo sob aparências científicas, estados futuros da sociedade, cujo caráter de exploração deva desaparecer; – isso soa a meus ouvidos como se se prometesse inventar uma vida que dispensasse toda função orgânica. A "exploração" não é o fato de uma sociedade degenerada ou incompleta e primitiva: ela pertence à *essência* do ser vivo, como função orgânica de base, é uma consequência da vontade de potência que é justamente a vontade de vida. – Supondo que, como teoria, isso possa ser uma novidade, na realidade é o *fato primitivo* que serve de base a toda história. Que se tenha bastante lealdade para consigo mesmo para confessá-lo!

260

No curso de minha viagem empreendida através das numerosas morais, delicadas e grosseiras, que reinaram e ainda reinam no mundo, encontrei certos traços que recorrem regularmente ao mesmo tempo e que estão ligados uns aos outros: tanto que no final adivinhei dois tipos fundamentais, dos quais se desprendia uma distinção fundamental. Há uma *moral de senhores* e uma *moral de escravos;* – acrescento desde agora que, em toda civilização superior que apresenta caracteres misturados, se pode reconhecer tentativas de aproximação das duas morais, mais frequentemente ainda a confusão das duas, um mal-entendido recíproco, e por vezes sua estreita justaposição que chega até a reuni-las num mesmo homem, no interior de uma só alma. As diferenciações de valores no domínio moral surgiram, seja sob o império de uma espécie dominante que ressentia uma forma de bem-estar a tomar plena consciência daquilo que a colocava acima da raça dominada – seja naqueles que eram dominados, entre os escravos e os dependentes de todos os níveis. No primeiro caso, quando são os dominadores que determinam o conceito "bom", os estados de alma sublimes e altivos são considerados como o que distingue e determina a classe. O homem nobre se separa dos seres em que se exprime o contrário desses estados sublimes e altivos: despreza esses seres. Cumpre observar em seguida que, nessa primeira espécie de moral, a antítese "bom" e "ruim" equivale àquela de "nobre" e "desprezível". A antítese "bom" e "mau" tem outra origem[1]. Desprezam-se o covarde, o temeroso, o mesquinho, aquele que não pensa senão na vantagem imediata; de igual modo, o ser desconfiado, com seu olhar inquieto, aquele que se humilha, o homem-cão que se deixa maltratar, o adulador mendigo e sobretudo o mentiroso: – é crença essencial de todos os aristocratas que o comum do povo é mentiroso. "Nós os verídicos" – esse era o nome que se davam os nobres na Grécia antiga. É evidente que as denominações de valores foram primeiramente aplicadas *aos homens* e mais tarde somente, por derivação, *às ações*. É por isso que os historiadores da moral cometem um grave erro

....

(1) Nietzsche apresenta no texto alemão duas antíteses: *gut und schlecht*, bom e ruim, e *gut und böse*, bom e mau; na língua portuguesa não é tão fácil estabelecer essa diferenciação, uma vez que *mau* e *ruim* praticamente se equivalem conceitualmente e na fala se toma um pelo outro (N. do T.).

ao começar suas pesquisas por uma pergunta como esta: "Por que elogiamos a ação que se faz por piedade?" O homem nobre possui o sentimento íntimo que tem o direito de determinar o valor, não tem necessidade de ratificação, estima que aquilo que lhe é prejudicial é prejudicial em si, sabe que se as coisas são honradas é ele que as honra, é o *criador de valores*. Tudo o que encontra em sua própria pessoa, ele o honra. Semelhante moral é a glorificação de si mesmo. No primeiro plano, encontra-se o sentimento da plenitude, da potência que quer transbordar, a felicidade da grande tensão, a consciência de uma riqueza que gostaria de dar e se expandir. O homem nobre, ele também, vem em auxílio dos infelizes, não ou quase não por compaixão, mas antes por um impulso que cria a superabundância de força. O homem nobre presta honras aos poderosos em sua própria pessoa, mas com isso honra também aquele que possui o império sobre ele próprio, aquele que sabe falar e calar, aquele que tem prazer em ser severo e duro para consigo mesmo, aquele que venera tudo aquilo que é severo e duro. "Wotan colocou em meu peito um coração duro", assim se lê numa antiga *saga* escandinava, palavras realmente saídas da alma de um viking orgulhoso. De fato, quando um homem sai de semelhante espécie é orgulhoso por não ter sido feito para a piedade; é por isso que o herói da *saga* acrescenta: "Aquele que, quando jovem, já não possui um coração duro, jamais o terá!" Os homens nobres e ousados que pensam dessa forma são os antípodas dos promotores dessa moral que encontra o indício da moralidade na compaixão, no devotamento, no *desinteresse;* a fé em si mesmo, o orgulho de si mesmo, uma altiva hostilidade e uma profunda ironia diante da "abnegação" pertencem, com tanta certeza, à moral nobre como um leve desprezo e uma certa circunspecção com relação à compaixão e ao "coração quente". – São os poderosos que *sabem* honrar, essa é sua arte, o domínio em que são inventivos. O profundo respeito pela velhice e pela tradição – essa dupla veneração é a base do mesmo direito – a fé e a prevenção em favor dos antepassados e em detrimento das gerações futuras são típicas na moral dos poderosos; e quando, ao contrário, os homens das "ideias modernas" que acreditam quase instintivamente no "progresso" e no "futuro", perdendo cada vez mais a consideração pela velhice, mostra já suficientemente com isso a origem plebéia dessas "ideias". Mas uma moral de senhores é sobretudo estranha e desagradável ao gosto do dia quando afirma, com a severidade de seu princípio, que não se tem deveres senão para com seus iguais; que a respeito dos seres de classe inferior, com relação a tudo o que é estranho, pode-se agir à sua maneira, como "o coração mandar" e, de qualquer maneira, mantendo-se "além do bem e do mal": – pode-se, se se quiser, usar aqui de compaixão e daquilo que a ela se liga. A capacidade e a obrigação de usar de amplo reconhecimento e de vingança infinita – somente no âmbito de seus iguais – a sutilidade nas represálias, o refinamento na concepção da amizade, uma certa necessidade de ter inimigos (para servir de algum modo de derivativos às paixões como a inveja, a agressividade, a insolência e, em suma, para poder ser um *amigo* verdadeiro): tudo isso caracteriza a moral nobre que, já o disse, não é a moral das "ideias modernas", o que a torna hoje difícil de conceber, difícil também de desenterrar e descobrir. – Mas é coisa bem diferente com a outra moral, a *moral dos escravos*. Suponhamos que os seres sob servidão, oprimidos e sofredores, aqueles que não são livres, mas incertos de si próprios e cansados, que esses seres comecem a moralizar: que ideias comuns encontrariam em suas apreciações morais? Provavelmente gostariam de exprimir uma desconfiança pessimista contra a condição humana, talvez uma condenação do homem juntamente e de toda sua condição. O olhar do escravo é desfavorável às virtudes dos poderosos: o escravo é cético e desconfiado e sua desconfiança é fina com relação a todos os "bens" que os nobres veneram, gostaria de se convencer que, mesmo lá, a felicidade não é verdadeira. Ao contrário, apresenta à plena luz as qualidades que servem para amenizar a existência daqueles que sofrem: aqui o vemos prestar honras à compaixão, à mão complacente e segura, venerar o coração ardente, a paciência, a aplicação, a humildade, a amabilidade – de fato, essas são as qualidades mais úteis, são praticamente os únicos meios para aliviar o peso da existência. A moral dos escravos é essencialmente uma moral utilitária. Chegamos no verdadeiro lar de origem da famosa antítese "bom" e "mau": – no conceito "mal" se inclui tudo aquilo que é poderoso e perigoso, tudo o que possui um caráter temível, sutil e forte e não desperta nenhuma ideia de desprezo. Segundo a moral dos escravos, o "homem mau" inspira o temor; segundo a moral dos senhores, é o "homem bom" que inspira temor e quer inspirá-lo, enquanto o "homem mau" é o "homem desprezível". A antítese atinge seu auge quando, por uma consequência da moral de escravos, uma forma de desdém (talvez mais leve e benevolente) acaba por ser ligada mesmo aos "homens bons" dessa moral. De fato, o homem bom, segundo a maneira de ver dos escravos, deve ser em todo caso o homem *inofensivo*. Ele é bonachão, talvez um pouco estúpido, em resumo, é um *bom homem*. Em toda parte onde a moral dos escravos chega a dominar, a linguagem mostra uma tendência a aproximar as palavras "bom" e "tolo". – Última diferença fundamental: a aspiração à *liberdade,* o instinto de felicidade e todas as sutilezas do sentimento de liberdade pertencem à moral e à moral dos escravos tão necessariamente como a arte e o entusiasmo na veneração e no devotamento são o sintoma regular de um modo de pensar e de apreciar aristocrático. – Agora se pode compreender, sem mais explicações, porque o amor *como paixão* – é nossa especialidade européia – deve ser necessariamente de origem nobre: sabe-se que sua invenção deve ser atribuída aos cavaleiros-poetas provençais, esses homens magníficos e engenhosos do "alegre saber", aos quais a Europa deve tantas coisas e quase ela própria.

261

Entre as coisas que são talvez mais difíceis de compreender para um homem nobre está a vaidade: sentir-se-á tentado a negar sua existência mesmo onde, para outra espécie de homens, salta aos olhos. O problema consiste para ele em se representar seres que procuram fazer surgir boas opiniões em benefício dele, opiniões que eles realmente não têm – que ele, portanto, não as "merece" – e que acabam por *acreditar* nelas. Isso lhe parece, de uma parte, de tão mau gosto, tão irreverente para consigo mesmo, por outra parte, tão barroco e tão louco, que consideraria de bom grado a vaidade como uma coisa excepcional e que a põe em dúvida na maioria dos casos em que dela se fala. Dirá, por exemplo: "Posso me enganar sobre meu valor, mas posso pretender pelo menos que meu valor seja reconhecido pelos outros, como estimo – mas isso não é vaidade (poderá ser "presunção", ou na maioria dos casos aquilo que se chama "humildade" e também "modéstia")." – Ou dirá ainda: "Posso, por diversas razões, me alegrar com o bom conceito que os outros têm de mim, talvez porque os respeito e os amo; e me alegro com todas as suas alegrias, talvez também porque sua opinião sublinha e reforça em mim a fé em minha própria boa opinião, talvez porque o bom conceito de outrem, mesmo no caso em que não o compartilho, é no entanto útil para mim ou me promete sê-lo – mas tudo isso não é vaidade." É somente forçando que o homem nobre acaba por compreender, com o apoio da história, que desde tempos imemoriais, em todas as classes populares dependentes, o homem comum não *era* senão aquele que *passava* por ser: – como não estava habituado a criar valores por si mesmo, não atribuía outro valor senão aquele que lhe emprestavam seus senhores (criar valores é por excelência *direito dos senhores*). Sem dúvida, é preciso atribuir a um prodigioso atavismo o fato de que o homem comum, hoje ainda, espera que se tenha uma opinião dele, para se submeter a ela em seguida de modo instintivo; e se submete não só a uma "boa" opinião, mas também a uma opinião má e injusta (pense-se, por exemplo, na maior parte das apreciações e da depreciação de si que as mulheres piedosas aprendem de seu confessor e que em geral um cristão crente aprende de sua Igreja). Hoje praticamente, em função da lenta marcha para frente da ordem democrática (e de sua causa, a mistura de raças dominantes com raças escravas), a inclinação, outrora sólida e rara, de aplicar a si mesmo um valor próprio e de "pensar bem" sobre si mesmo, é cada vez mais encorajado e se desenvolve sempre mais; mas essa inclinação tem sempre contra ela uma tendência mais antiga, mas ampla, mais essencialmente vital e, no fenômeno da "vaidade", essa tendência mais antiga vai subjugar a mais recente. O vaidoso se alegra com *todo* bom conceito que se tem dele (independentemente do ponto de vista da utilidade dessa opinião, de seu caráter verdadeiro ou falso), como, por outro lado, sofre também com toda má opinião, pois se submete a duas opiniões, se *sente* submetido por causa desse instinto de submissão de origem mais antiga que tem em si. – É o "escravo" no sangue dos vaidosos, um resíduo da astúcia do escravo, e quantos elementos do "escravo" ainda subsistem na mulher, por exemplo! – que procuram *desviar* o bom conceito a seu respeito. É ainda o escravo que se põe logo a se prosternar diante dessa opinião, como se não fosse ele que a tivesse provocado. – E repito, a vaidade é um atavismo.

262

Uma *espécie* se forma, um tipo se torna estável e forte por meio do longo combate contra condições constantes e essencialmente *desfavoráveis*. Sabe-se por outro lado e a experiência dos educadores o comprova, que as espécies tratadas com uma alimentação superabundante e em geral com proteção e cuidados excessivos, propendem logo, da maneira mais intensa, para as variações do tipo e se tornam ricas em caracteres extraordinários e em monstruosidades (e também em vícios monstruosos). Que se considere, portanto, uma comunidade aristocrática uma antiga *pólis* (cidade) grega, por exemplo, ou talvez Veneza, enquanto instituições voluntárias ou involuntárias de *seleção*: há nelas uma aglomeração de homens, abandonados a si mesmos, que querem impor sua espécie, geralmente porque são *forçados* a se impor sob pena de se verem exterminados. Aqui, esse bem-estar, essa superabundância, essa proteção que favoreçam as variações fazem falta; a espécie tem necessidade da espécie enquanto espécie, como de alguma coisa que, justamente graças à sua dureza, à sua uniformidade, à simplicidade de sua forma, pode se impor e se tornar duradoura na luta incessante com os vizinhos ou com os oprimidos em revolta ou ameaçando sem cessar se rebelar. A experiência mais múltipla ensina à espécie graças a quais qualidades sobretudo, a despeito dos deuses e dos homens, ela existe sempre e tem sempre conquistado a vitória: essas qualidades, ela as chama virtudes, essas virtudes somente é que ela desenvolve. Ela o faz com dureza, exige até mesmo a dureza; toda moral aristocrática é intolerante na educação da juventude, na disposição das mulheres, nos costumes matrimoniais, nas relações entre jovens e velhos, nas leis penais (que só levam em consideração aqueles que degeneram): ela classifica até mesmo a intolerância entre as virtudes sob a denominação de "eqüidade". Um tipo que apresenta poucos traços mas traços muito pronunciados, uma espécie de homens severa, guerreira, sabiamente muda, fechada, taciturna (e por isso mesmo dotada da mais delicada sensibilidade pelo encanto e pelas *nuances* da sociedade), semelhante espécie é fixada desse modo acima da sucessão das gerações; a luta contínua contra condições sempre igualmente *desfavoráveis* é, repito, o que torna um tipo estável e duro. Uma condição mais feliz acaba, no entanto, surgindo e a enorme tensão diminui; talvez não haja mais inimigos entre os vizinhos e os meios de existência, mesmo os de alegria da existência, se tornam abundantes. De um só golpe se rompem os vínculos da coação da antiga disciplina: não é mais considerada como necessária, não é mais condição de existência, se quiser subsistir não poderá sê-lo senão como uma forma de luxo, como gosto arcaico. A variação, seja sob forma de desvio (para alguma coisa de mais alto, mais fino, mais raro), seja sob forma de degenerescência e de monstruosidade, surge logo em cena em toda a sua plenitude e em seu esplendor, o indivíduo que ousa ser único e se destacar do resto. Nesse ponto crítico da história se vê justapor-se e muitas vezes se enxertar, se misturar, um crescimento e uma elevação soberbos, tão diversificados como numa floresta primitiva, uma maneira de andar *tropical* na rivalidade de crescimento e uma prodigiosa corrida para a queda e para o abismo, graças aos egoísmos voltados uns contra os outros pelo "sol e pela luz", não conhecem mais os limites, os freios e a moderação da moral que reinava até então. É essa própria moral que havia reunido uma força tão monstruosa, que havia retesado o arco de modo tão ameaçador; agora é ultrapassada, já "viveu". O ponto perigoso e inquietante foi atingido onde a vida é maior, mais múltipla, mais vasta, e *vence* a velha moral; o "indivíduo" está lá, forçado a dar-se a si mesmo leis, a ter sua arte própria e suas astúcias para sua conservação, sua própria elevação e sua própria salvação. Nada a não ser novos *porquês* e novos *como*. Mais fórmulas gerais, equívocos e desprezos amarrados juntos, a queda, a corrupção e os desejos mais elevados ligados e espantosamente enxertados, o gênio da raça transbordante de todas as taças do bem e do mal, uma simultaneidade fatal de primavera e de outono, cheia de atrativos novos e de mistérios, próprios a uma corrupção jovem, que ainda não está esgotada e cansada. Novamente, o perigo se apresenta, o pai da moral, o grande perigo, essa vez transportado no indivíduo, no próximo e no amigo, na rua, no próprio filho, no próprio coração, em tudo aquilo que é mais pessoal e mais secreto em questão de desejos e de vontades: os moralistas que emergem nesses tempos, que terão para pregar? Descobrirão, esses sutis observadores de pé nas esquinas das ruas, que já está tudo feito, que tudo em torno deles se corrompe e corrompe, que nada dura até o depois de amanhã, uma só espécie de homens excetuada, os *medíocres*.

Só os medíocres têm a perspectiva de se perpetuar, de se reproduzir – são os homens do futuro, os únicos que vão sobreviver. "Sejam como eles, tornem-se medíocres!", é, desde então, a única moral que ainda tenha algum sentido, que ainda encontra orelhas para a ouvir. – Mas ela é difícil de pregar, essa moral da mediocridade! – Ela nunca ousa confessar o que é nem o que quer! Deve falar de medida, de dignidade, de dever e de amor ao próximo – terá dificuldade em *dissimular sua ironia*!

263

Há um *instinto pela categoria* que, mais que qualquer outra coisa, já é o *indício* de uma *classe superior*; há um *prazer* pelas gradações de respeito que permitem adivinhar a origem e os hábitos nobres. A delicadeza, o valor e elevação de uma alma se encontram submetidas a dura prova quando passa, diante dessa alma, alguma coisa que é de primeira ordem, mas que não é ainda preservada dos ataques importunos e grosseiros pelo medo que a autoridade inspira; alguma coisa que segue seu caminho, que não leva ainda selo, alguma coisa de inexplorado, de sedutor, talvez velado e disfarçado voluntariamente, como se fosse uma viva pedra de toque. Aquele que tem o dever e o costume de sondar as almas se servirá das formas múltiplas dessa arte para determinar o valor definitivo de uma alma, sua posição hierárquica inata e inabalável; ele a submeterá à prova para determinar seu *instinto de respeito. Diferença gera ódio:* a vulgaridade de certas naturezas irrompe de repente à luz como a água suja quando um cálice sagrado, uma joia preciosa saída do mistério de um escrínio ou um livro marcado com o selo de um grande destino passam à luz do dia; e, por outro lado, há um silêncio involuntário, uma hesitação no olhar, uma imobilidade nos gestos que demonstram que uma alma *sente* a aproximação de algo digno de veneração. O modo pelo qual o respeito pela *Bíblia* foi geralmente mantido até o presente na Europa é talvez o melhor elemento de disciplina e de refinamento dos costumes que a Europa deve ao cristianismo. Livros de tal profundidade e de uma importância tão suprema têm necessidade da tirania de uma autoridade que vem de fora para chegar assim a essa duração de milhares de anos, indispensável para tomá-los e compreendê-los inteiramente. Foi dado um grande passo quando se decidiu inculcar às grandes massas (aos espíritos superficiais que têm digestão rápida) esse sentimento de que é proibido tocar em tudo, que há eventos sagrados em que elas não têm acesso a não ser tirando seus calçados e aos quais não é permitido tocar com mãos impuras – é talvez o ponto mais elevado de humanidade que possam atingir. Pelo contrário, nada é tão repugnante nos seres chamados instruídos, nos seguidores das "ideias modernas", que sua falta de pudor, sua insolência familiar do olho e da mão que os leva a tocar tudo, a provar de tudo e a segurar tudo; talvez hoje no povo, sobretudo nos camponeses, haja mais nobreza *relacionada* ao gosto, mais sentimento de respeito do que nesse meio mundo de espíritos que lêem os jornais, nas pessoas instruídas.

264

Não se pode apagar da alma de um homem a marca que seus ancestrais construíram com a maior predileção e constância: seja que tenham sido, por exemplo, pessoas econômicas, auxiliares de um escritório ou de um banco, modestos e burgueses em seus desejos, modestos também em suas virtudes; seja que tenham vivido no hábito do mando, dados a prazeres grosseiros e, ao lado de tudo isso, talvez a responsabilidades e a deveres mais grosseiros ainda; seja que, enfim, lhes tenha ocorrido de sacrificar antigos privilégios de nascença ou de fortuna para viver inteiramente segundo sua fé (segundo seu "Deus"), como homens de uma consciência inflexível e terna, corando diante de qualquer compromisso. É impossível um homem *não* tenha no sangue as qualidades e as predileções de seus pais e de seus ancestrais, embora as aparências possam fazer crer o contrário. Esse é o problema da raça. Quando se sabe de algo a respeito dos pais, se saberá algo dos filhos: qualquer intemperança chocante, qualquer vontade mesquinha, uma propensão forte – esses três traços reunidos têm desde sempre formado o verdadeiro tipo plebeu – tudo isso se transmite ao filho tão seguramente que o sangue corrompido e pela educação, por melhor que seja, só poderá apagar a *aparência* de semelhante herança. – Mas não é esse hoje o objetivo da educação e da cultura? Em nossa época muito democrática, ou melhor, plebéia, a "educação" e a "cultura" *devem* ser sobretudo a arte de enganar acerca das *origens*, acerca do atavismo popular na alma e no corpo, a arte de iludir e esconder o plebeísmo hereditário do corpo e da alma. Um educador que hoje pregasse a verdade antes de tudo e gritasse constantemente a seus alunos: "Sejam verdadeiros! Sejam naturais! Mostrem-se exatamente como são!" – semelhante asno, virtuoso e cândido, acabaria recorrendo, cedo ou tarde, à força de Horácio para *naturam expellere*[1]. Com que resultado? A "plebe" *usque recirret*[2].

265

Mesmo com risco de escandalizar os ouvidos inocentes, sustento que o egoísmo pertence à essência das almas nobres; entendo afirmar essa crença imutável que a um ser como "nós somos", outros seres devem ser submetidos, outros seres devem se sacrificar. A alma nobre aceita a existência de seu egoísmo sem escrúpulos e também sem experimentar nenhum sentimento de dureza, de coação, de capricho, mas antes como algo que deve ter sua razão de ser na lei fundamental das coisas. Se ela quisesse dar um nome a esse estado de fatos, diria: "É a própria justiça". Ela confessa, nessas circunstâncias que primeiramente a fazem hesitar, que há seres cujos direitos são iguais aos seus; desde que ela resolveu essa questão de grau, ela se comporta para com seus iguais, privilegiados como ela, com o mesmo tato no pudor e no respeito delicado como em suas relações consigo mesma – em conformidade com um mecanismo celeste que toda estrela conhece. É *ainda* um sinal de seu egoísmo essa delicadeza e essa circunspecção em suas relações com seus semelhantes. Cada estrela está animada desse egoísmo: ela se honra *a si mesma* nas outras estrelas e nos direitos que ela lhes confere; não duvida que essa troca de honras e de direitos, como *essência* de toda relação, pertença também ao estado natural das coisas. A alma nobre toma como ela dá, por um instinto de eqüidade apaixonado e violento que ela tem no fundo de si mesma. O conceito "graça" não tem sentido, não goza de simpatia *inter pares* (entre

....
(1) Expressão latina que significa *expulsar a natureza* (N. do T.).
(2) Expressão latina que significa *até que volte correndo* (N. do T.).

iguais); pode haver aí uma maneira sublime de fazer descer sobre si os benefícios do alto e de bebê-los avidamente como gotas de orvalho, mas uma alma nobre não nasceu para essa arte e para essa atitude. Seu egoísmo cria aqui obstáculo: ela não olha de bom grado "para o alto", mas antes *para a frente*, lentamente e em linha reta, ou para baixo: – *ela sabe que está no alto*.

266

"Não se pode estimar verdadeiramente senão aquele que não se *procura* a si mesmo." – Goethe ao conselheiro Schlosser.

267

Os chineses têm um provérbio que as mães ensinam cedo a seus filhos: *Siao-sin* – "Torna pequeno teu coração!" Aí está a verdadeira inclinação das civilizações adiantadas. Tenho certeza de que um grego da antigüidade reconheceria antes de tudo em nós, europeus, a tendência ao amesquinhamento – só por isso não seríamos de "seu gosto".

268

O que é *comum*, afinal de contas? – As palavras são sinais orais para designar conceitos; mas os conceitos são sinais imaginativos, correspondendo mais ou menos a sensações que retornam muitas vezes e ao mesmo tempo, a grupos de sensações. Não basta, para se compreender mutuamente, usar as mesmas palavras. É preciso também usar mesmas palavras para o mesmo gênero de acontecimentos interiores, é preciso enfim que as experiências do indivíduo sejam comuns com aquelas de outros indivíduos. É por isso que os homens de um mesmo povo se compreendem melhor entre eles que as pessoas de diferentes povos, mesmo quando se servem da mesma língua; mais ainda, quando homens colocados em mesmas condições (de clima, de solo, de perigos, de necessidades, de trabalho) viveram muito tempo juntos, *forma-se* alguma coisa "que se compreende", isto é, um povo. Em todas as almas, um número igual de fatos que se repetem muitas vezes leva a melhor sobre fatos que se repetem raramente: a seu respeito, as pessoas se entendem rapidamente, sempre mais rápido – a história da linguagem é a história de um processo de abreviação; – esse entendimento rápido faz com que as pessoas se unam sempre mais estreitamente. Quanto maior for o perigo tanto maior é a necessidade de se entender rápida e facilmente sobre aquilo de que se tem necessidade; não se expor a um mal-entendido no perigo, essa é a condição indispensável para os homens em suas relações recíprocas. Percebe-se isso também em toda espécie de amizade e de amor: nenhum sentimento dessa ordem dura se, mesmo usando as mesmas palavras, um dos dois sente, pensa, pressente, prova, deseja, teme de forma diferente que o outro. (O temor do "eterno mal-entendido": esse é o gênio benévolo que impede tantas vezes a pessoas de sexos diferentes de contrair uniões precipitadas que os sentidos e o coração aconselham – esse não é *de modo algum* um "gênio da espécie" qualquer à Schopenhauer!) Saber quais são, numa alma, os grupos de sensações que despertam mais rapidamente, que tomam a palavra, dão ordens, é nisso que se decide a hierarquia completa de seu valor, é nisso, em última instância, que se fixa sua tabela de valores. As avaliações de um homem revelam alguma coisa da *estrutura* de sua alma, revelam onde essa vê suas condições de existência e seus verdadeiros perigos. Se for admitido, portanto, que desde sempre o perigo só se aproximou dos homens que podiam designar, por meio de sinais semelhantes, necessidades semelhantes, acontecimentos semelhantes, resulta no conjunto que a *facilidade de comunicar* no perigo, isto é, o fato de não viver senão dos acontecimentos médios e *comuns*, deve ter sido a força mais poderosa de todas aquelas que dominaram o homem até agora. Os homens que mais se assemelham, que são mais comuns, estiveram e estarão sempre em melhores condições; a elite, os homens refinados e raros, mais difíceis de serem compreendidos, correm o risco de ficar sozinhos e, por causa de seu isolamento, sucumbem aos perigos e raramente se reproduzem. É preciso invocar prodigiosas forças adversas para entravar esse natural, demasiado natural, *progressus in simile*, o desenvolvimento do homem em favor do semelhante, do comum, do medíocre, do rebanho – *o comum!*

269

Quanto mais um psicólogo – um psicólogo predestinado e um adivinhador de almas – se volta para os casos e os homens excepcionais, tanto mais cresce para ele o risco de ficar sufocado pela compaixão. Ele tem *necessidade* de dureza e de alegria mais que qualquer outro homem. De fato, a corrupção, a corrida para o abismo dos homens superiores, das almas de espécie estranha, são a regra: é terrível ter sempre diante dos olhos essa regra. O martírio múltiplo do psicólogo que descobriu essa corrida para o abismo, que descobre uma vez, depois *quase* a cada vez e na história inteira, essa completa "incurabilidade" interior do homem superior, esse eterno "demasiado tarde!" em todos os sentidos – esse martírio, digo, poderá um dia impeli-lo a se voltar com amargura contra seu próprio destino e tentar se destruir – "perder-se", ele mesmo. Observa-se em quase todos os psicólogos uma inclinação significativa e um prazer em freqüentar homens comuns e ordenados: o psicólogo deixa entrever com isso que sempre tem necessidade de curar, que tem necessidade de fugir, de esquecer, de rejeitar aquilo que seu olhar, seu bisturi e "ofício" colocaram em sua consciência. O medo de sua memória lhe é peculiar. Chega muitas vezes a calar diante de juízos alheios: então escuta com um semblante impassível para entender como se honra, se admira, se ama, se glorifica aquilo que ele viu – ou esconde ainda mais seu mutismo aprovando de modo expresso uma opinião qualquer de primeira linha. O paradoxo de sua situação pode ir muito longe no horror quando é justamente ali onde começou a sentir a grande compaixão ao lado do grande desprezo que a massa, os civilizados, os exaltados manifestam de seu lado a grande veneração – a veneração pelos "grandes homens" e pelos animais prodigiosos, em nome dos quais se bendiz e se honra a pátria, a terra, a dignidade humana e a si mesmo, para os quais se atrai a atenção da juventude, à qual são oferecidos como modelos... E quem sabe se até agora em todos os casos importantes não se produziu o mesmo fenômeno: a multidão adorava um Deus – e o "Deus" não passava de uma pobre vítima! O sucesso foi sempre um grande mentiroso – e a própria "obra" é um sucesso; o grande homem de Estado, o conquistador, o descobridor são disfarçados em suas criações até se tronarem irreconhecíveis. A "obra", aquela do artista, do filósofo, inventa em primeiro lugar aquele que a criou, que se supõe que a tenha criado; os "grandes homens", da maneira como são honrados, são maus e pequenos poemas feitos tarde demais; no mundo dos valores históricos *reina* a falsa moeda. Esses grandes poetas, por exemplo, os Byron, os Musset, os Poe, os Leopardi, os Kleist, os Gogol – tais como são, tais como é preciso talvez que sejam – homens do momento, exaltados, sensuais, infantis, passam bruscamente e sem razão da confiança à desconfiança; com almas que escondem geralmente alguma rachadura; vingando-se muitas vezes com suas obras de uma sujidade íntima, procurando muitas vezes com seu vôo fugir de uma memória demasiado fiel, muitas vezes desgarrados na lama e quase se comprazendo até que se tornem semelhantes aos fogos fátuos que, agitando-se em torno dos pântanos, se *disfarçam* em estrelas – o povo os chama então idealistas – muitas vezes em luta com um prolongado desgosto, com um fantasma de incredulidade que reaparece sem cessar, os esfria e os reduz a ter fome de glória, a alimentar-se da "fé em si mesmos" que alguns aduladores inebriados lhes alcançam. Que *mártires* são esses grandes e em geral os homens superiores, aos olhos daquele que uma vez os descobriu! É bem compreensível que sejam justamente, para a mulher – que é clarividente no mundo do sofrimento e, infelizmente também, ávida em ajudar e socorrer para muito além de suas forças – uma presa tão fácil das explosões de uma *compaixão* imensa e devotada que chega até o sacrifício. Mas a multidão, e sobretudo a multidão que venera, não os compreende e descreve essa compaixão com interpretações indelicadas e vaidosas. A compaixão se engana invariavelmente sobre sua força: a mulher gostaria de se persuadir que o amor pode tudo – essa é sua *crença* própria. Ai! Aquele que conhece o coração humano adivinha quão pobre, estúpido, impotente, presunçoso, inábil é o amor, mesmo o melhor, mesmo o mais profundo, que destrói mais facilmente do que o reconforta! – É possível que, sob a santa lenda e o disfarce da vida de Jesus, se esconda um dos casos mais dolorosos do martírio do *conhecimento do amor,* o martírio do coração mais inocente e mais ávido, ao qual *não bastava* nenhum amor humano, do coração que *desejava* o amor, que queria ser amado e nada mais que isso, com dureza, com frenesi, com terríveis explosões contra aqueles que lhe recusavam o amor; a história de um pobre ser insatisfeito e insaciável no amor, de um ser que teve de inventar o inferno para nele precipitar aqueles que *não queriam* amá-lo – e que, por fim, esclarecido sobre o amor dos homens, foi forçado a inventar um Deus que fosse todo amor, totalmente *potência do amor* – que teve piedade do amor humano porque esse amor é tão miserável, tão ignorante! Aquele que sente assim, que *conhece* assim o amor – *procura* a morte. Mas por que perseguir coisas tão dolorosas? Se não somos obrigados a isso.

270

O orgulho e o desgosto intelectual no homem que sofreu profundamente – a classe social já está quase determinada pelo *grau* de sofrimento que um homem pode suportar – a horrível certeza, da qual o homem está todo impregnado e colorido, a certeza de *saber mais*, graças a seu sofrimento, que não podem saber os mais inteligentes e os mais sábios, de ter conhecido mundos distantes e assustadores de que "*você não sabe nada*", de ter estado uma vez aí... esse orgulho do sofrimento, orgulho espiritual e mudo, essa soberba do eleito pelo conhecimento, do "iniciado", da vítima quase sacrificada, julga todas as formas de disfarce necessárias para se proteger do contato das mãos importunas e compassivas e em geral de tudo aquilo que não compartilha de seu sofrimento. A dor profunda torna nobre; ela separa. Uma das formas mais delicadas de disfarce é um certo epicurismo, um desfile de ousadia no gosto que afeta tomar a dor sem dar-lhe importância e se defender contra toda tristeza e toda profundidade. Há homens alegres que se servem da alegria porque, por causa dela, há quem se engane a respeito de si mesmo – e é o que eles *querem*. Há "homens científicos" que se servem da ciência porque ela lhes dá um aspecto alegre e porque a ciência leva a concluir que eles são superficiais: - querem induzir a uma falsa conclusão. Há espíritos livres e impudentes que gostariam de esconder e negar que têm o coração partido, mas orgulhosamente incurável e, às vezes, a própria loucura é uma máscara que esconde um saber fatal e demasiado seguro. – Disso resulta que compete a uma humanidade delicada ter respeito "pela máscara" e não exercer, em locais inoportunos, a psicologia e a curiosidade.

271

O que separa mais profundamente dois homens é um sentido e um grau diferentes de pureza. Que importam a honestidade e a utilidade recíprocas, que importa a boa vontade de um com relação a outro! O resultado é sempre o mesmo: – "não podem se cheirar"! O mais sublime instinto de pureza rejeita aquele que o possui na mais perigosa e estranha solidão como um santo: de fato é precisamente a santidade – a mais alta espiritualização desse instinto. Há um certo pressentimento singular que leva a provar de antemão a indescritível felicidade que pode haver em tomar um banho, é um certo ardor, uma sede que impele sem cessar a alma para fora da noite na manhã, para fora da perturbação, da "angústia" na claridade, naquilo que é brilhante, profundo, delicado; - na mesma medida em que semelhante inclinação *distingue* – é uma inclinação nobre – também separa. A compaixão do santo é compaixão pela *impureza* daquilo que é "humano, demasiado humano". Há graus e alturas onde a própria compaixão é considerada por ele como uma impureza, como uma falta de limpeza.

272

Sinais de nobreza: jamais rebaixar nossos deveres para torná-los deveres de todos; não querer renunciar à sua própria responsabilidade, não querer compartilhá-la; contar seus privilégios e seu exercício no número dos próprios *deveres*.

273

Um homem que aspira a grandes coisas considera aqueles que encontra em seu caminho como meio ou como causa de atraso ou obstáculo – ou ainda como parada momentânea. A *bondade* de alta categoria para com os outros homens, que é própria desse homem, não se torna possível senão quando ele tiver atingido sua própria altura e começa a dominar. Certa impaciência e a consciência de ter sido sempre condenado à comédia – pois a própria guerra não passa de uma comédia e de um esconderijo, uma vez que todos os meios só servem para esconder o objetivo – interferem em todas as relações desse homem: esse gênero de homem conhece a solidão e o que ela tem de mais venenoso.

274

O *problema daquele que espera* – São necessários os toques do acaso e muito de imprevisível para que um homem superior, em quem dormita a solução de um problema, se ponha a agir em tempo hábil – para que "entre em erupção", se poderia dizer. Geralmente isso *não* acontece e, em todos os cantos do mundo, há homens que esperam, que mal sabem que esperam e que sabem ainda menos que esperam em vão. Às vezes também o grito de despertar chega muito tarde, esse acaso que dá a "permissão" de agir – quando a mais bela juventude, a melhor força ativa se perderam na inação; e quantos há que, no momento de "se lançar", perceberam com terror que seus membros estavam dormentes, que seu espírito já estava muito pesado! "É muito tarde" – disseram então, incrédulos, para si mesmos e desde então inúteis para sempre. – No domínio do gênio o "Rafael sem mãos"; esta expressão tomada em seu sentido mais amplo, seria talvez não a exceção, mas a regra? – O gênio não é talvez tão raro que as quinhentas *mãos* que lhe são necessárias para fazer violência ao χαιροσ, "o bom momento", para agarrar o acaso pelos cabelos!

275

Aquele que não quer ver a altura de um homem olha, com um olhar muito mais penetrante, o que é vulgar e superficial nele – e com isso se trai a si mesmo.

276

Para toda espécie de ferimento e de dano, a alma inferior e grosseira é melhor constituída que a alma nobre: os perigos que esse corre são, portanto, forçosamente maiores, a probabilidade de seu fracasso e de sua perda é realmente muito maior, por causa da diversidade de suas condições de existência. – Na lagartixa, um dedo perdido cresce novamente, mas isso não acontece no homem.

277

Aí está o que é desagradável! É sempre a velha história! Quando se terminou de construir a própria casa, de repente se percebe que, ao construí-la, aprendeu-se alguma coisa que se deveria ter sabido antes de ... começar. O eterno e doloroso "muito tarde!" – A melancolia de tudo *o que se acaba*!

278

– Viajante, quem és? Vejo que segues teu caminho sem desdém, sem amor, com olhos indefiníveis, úmidos e tristes, como uma sonda que, insatisfeita, voltou das profundezas à luz – o que teria procurado lá embaixo? – com um peito que não suspira, um lábio que esconde seu desgosto, uma mão que só agarra lentamente: quem és tu? Que fizeste? – Repousa aqui: este local é hospitaleiro para todos – repousa! E quem quer que sejas, fala-me do que então tens vontade? O que pode te reconfortar? Fala: o que tenho, eu te ofereço! – "Reconfortar-me? Reconfortar-me? Homem curioso que és, que dizes! Deixa-me, eu te peço! – O quê? O quê? Fala!" – "Uma máscara mais! Uma segunda máscara!"

279

Os homens atribulados de profunda tristeza se traem quando são felizes: têm certa maneira de viver a felicidade como se quisessem apertá-la e sufocá-la por ciúmes...Ai! eles sabem muito bem, a felicidade foge diante deles!

280

– Mal! Mal! Como? Ele não está indo para trás? – Sim! Mas vocês o compreendem mal se o criticarem. Ele recua como todos aqueles que se preparam para dar um grande salto.

281

– Acreditarão em mim? Mas eu exijo que acreditem em mim: sempre pensei mal de mim, sobre mim e somente em casos muito raros, por coação, sempre sem sentir prazer "nisso", pronto a me afastar "de mim", sempre sem acreditar no resultado e isso, graças a uma invencível desconfiança contra a *possibilidade* do conhecimento de si, uma desconfiança que me levou tão longe que eu considerava até mesmo como uma *contradictio in adjecto* a ideia do "conhecimento imediato" que os teóricos se permitem: isso é quase tudo o que sei de certo a meu respeito. Deve haver em mim uma espécie de repugnância a *crer* alguma coisa de preciso a meu respeito. – Há talvez nisso um enigma? É provável! Felizmente que não é destinado para meus próprios dentes. – Talvez esse enigma revele a espécie a que pertenço? Mas não para mim: por causa disso fico muito feliz.

282

– "Mas o que te aconteceu?" – "Não sei, diz com hesitação; talvez o vôo das harpias tenha passado por sobre minha mesa." – Acontece hoje, às vezes, que um homem doce, moderado, circunspecto se torne de repente raivoso, a ponto de quebrar os pratos, virar a mesa, grita, se agita, ofende a todos – e acaba finalmente por se retirar à parte, envergonhado, furioso consigo mesmo. Onde? Por quê? Para morrer de fome no isolamento? Para ser sufocado pela memória? – Aquele que possui os desejos de uma alma elevada e difícil e que só encontra raramente sua mesa servida, sua refeição pronta, estará todo tempo diante de um grande perigo: mas hoje esse perigo é maior do que nunca. Jogado numa época rumorosa e plebéia, da qual não quer compartilhar os pratos, corre o risco de morrer de fome e de sede ou, se decide finalmente participar dela – corre o risco de perecer repentinamente de desgosto. – Estamos já provavelmente todos sentados à mesa em que nossa presença está fora de lugar; e precisamente os mais espirituais dentre nós, que são também os mais difíceis de alimentar, conhecem essa perigosa dispepsia que muitas vezes se mostra quando se dão conta daquilo que nos servem e das pessoas que comem conosco: – *o desgosto na sobremesa.*

283

Há um domínio de si, a um tempo delicado e nobre, que consiste em não elogiar, admitindo que se esteja disposto a elogiar, senão quando *não* se está de acordo. Caso contrário, a gente se elogiaria a si mesmo, o que é contrário ao bom gosto. Sem dúvida, esse é um domínio de si que corre sempre o risco de ser *mal compreendido*. Para poder se permitir esse verdadeiro luxo de gosto e de moralidade, é preciso não viver entre os imbecis intelectuais, mas antes entre homens que, com seus mal-entendidos e seus erros, ainda divertem com sua delicadeza, caso contrário se sofreria cruelmente. – "Ele me elogia, *logo* me dá razão." – Esta asneira de lógica nos estraga a metade da vida, a nós eremitas, pois introduz os asnos em nossa vizinhança e em nossa amizade.

284

Viver com uma frieza imensa e altiva; mas ter sempre o espírito voltado para o além. – Ter ou não ter, à escolha, suas paixões, seu prós e seus contras, apoiar-se neles durante horas, *montar* neles como a cavalo, muitas vezes como nas costas de um asno: – pois é preciso saber servir-se da asnice de suas paixões bem como de seu ímpeto. É preciso saber conservar seus trezentos pretextos e também seus óculos escuros: pois há casos em que ninguém deve nos olhar nos olhos, menos ainda penetrar em nossas "razões". E escolher por companheiro esse vício peralta e alegre, a cortesia. E manter-se senhor de suas quatro virtudes: a coragem, a perspicácia, a simpatia, a solidão. De fato, a solidão é para nós uma virtude, é uma inclinação sublime e uma necessidade de pureza, que adivinha que o contato dos homens – "em sociedade" – tende inevitavelmente a se tornar impuro. Toda comunidade torna, de uma maneira ou de outra, num local ou em outro, num momento ou em outro – "comum".

285

Os maiores acontecimentos e os maiores pensamentos – mas os maiores pensamentos são os maiores acontecimentos – são os últimos a serem compreendidos: as gerações que lhes são contemporâneas não *vivem* esses acontecimentos, vivem ao lado. Aqui ocorre algo de análogo com o que se observa nos astros. À luz das estrelas mais distantes chega em último lugar até os homens; e antes de sua chegada, os homens *negam* que haja lá... estrelas. "Quantos séculos necessita um espírito para ser compreendido?" – isso também é uma medida, um meio de criar uma hierarquia e uma etiqueta, que faz falta: para o espírito e para a estrela.

286

"Aqui a vista é livre, o espírito elevado". – Mas há uma espécie contrária de homens que, ela também, se encontra no alto e cuja vista é livre também – mas que olha *para baixo*.

287

– O que é nobre? O que significa hoje para nós a palavra "nobre"? De que jeito se adivinha, de que modo se reconhece, sob esse céu negro e baixo do reino da plebe que começa, nessa atmosfera que torna todas as coisas opacas e pesadas, de que modo se reconhece o homem nobre? – Não são os atos que o afirmam – os atos são sempre ambíguos, sempre insondáveis; – não são tampouco as "obras". Hoje são encontrados muitos artistas e sábios que revelam, por suas obras, que um ardente desejo os impele para aquilo que é nobre: mas essa necessidade de nobreza em si é fundamentalmente diferente das necessidades de uma alma nobre, é precisamente neles o sinal eloqüente e perigoso de sua falta de nobreza. Não são as obras, é a *fé* que aqui decide, que fixa a hierarquia, para empregar uma velha fórmula religiosa num sentido novo e mais profundo: é uma espécie de certeza fundamental que uma alma nobre tem de si mesma algo que não se deixa procurar nem encontrar e que, talvez, não se deixa sequer perder. – A *alma nobre tem respeito por si mesma.*

288

Há homens nos quais o espírito é uma coisa inevitável; em vão se viram e se reviram como quiserem para esconder com as mãos os olhos que os traem (como se a mão não fosse ela própria traidora). No final das contas, parece sempre que têm algo a esconder, isto é, o espírito. Um dos meios mais refinados para enganar, pelo menos tanto quanto possível, e para ter o ar mais besta que na verdade se tem, com sucesso – o que na vida comum é tão desejável como um guarda-chuva – se chama *entusiasmo*: incluindo nele os acessórios, por exemplo, a virtude. De fato, como diz Galiani que devia sabê-lo, *virtude é entusiasmo.*

289

Nos escritos de um solitário se ouve sempre algo como o eco do deserto, como o murmúrio e o olhar tímido da solidão; em suas palavras mais enérgicas, em seu próprio grito, há o subentendido de uma maneira de silêncio e de mutismo, maneira nova e mais perigosa. Para aquele que ficou durante anos, dia e noite, em confidências e em discussões íntimas, só com sua alma, para aquele que em sua caverna – pode ser um labirinto, mas também uma mina de ouro – se tornou um urso, um pesquisador ou um guardião do tesouro, um dragão: as ideias terminam por assumir uma tintura de meia-luz, um odor de profundeza e de turvo, algo de incomunicável que lança um sopro glacial no rosto do passante. O solitário não acredita que um filósofo – admitindo que um filósofo tenha sempre começado por ser um solitário – tenha jamais escrito nos livros seu pensamento verdadeiro e definitivo. Não se escrevem livros precisamente para esconder o que se tem em si? – Sim, colocará em dúvida que um filósofo *possa* ter opiniões "derradeiras e verdadeiras" que nele, atrás de uma caverna, não haja necessariamente um caverna mais funda – um mundo mais vasto, mais estranho, mais rico que uma superfície, uma profundidade atrás de cada fundo, sob cada "fundamento". Toda filosofia é uma "filosofia de primeiro plano" – esse é um julgamento de solitário. "Há algo de arbitrário no fato de que se detêve aqui, que olhou para trás e em torno de si, que não escavou *aqui* mais profundamente e que jogou de lado a pá – deve-se ver nisso uma parte de desconfiança". Toda filosofia *esconde* também uma filosofia, toda opinião é também um esconderijo, toda palavra também uma máscara.

290

Todo pensador profundo teme mais ser compreendido do que ser mal compreendido. No último caso, sua vaidade talvez sofra, mas no primeiro, quem sofre é seu coração, sua simpatia que sempre diz: "Ai! por que querem que o caminho lhes seja também tão penoso como o é para mim?"

291

O homem, animal múltiplo, mentiroso, artificial e impenetrável, inquietante para os outros animais, menos por sua força que por sua astúcia e sagacidade, o homem inventou a boa consciência para desfrutar finalmente de sua alma como de uma coisa *simples*. Toda a moral é uma longa, uma audaciosa falsificação, graças à qual um desfrute, diante do espetáculo da alma, se torna possível. Desse ponto de vista, há sem dúvida mais coisas que se incluem no conceito "arte" do que geralmente se acredita.

292

Um filósofo é um homem que vive, vê, ouve, suspeita, espera e sonha constantemente com coisas extraordinárias, que fica surpreso com suas próprias ideias como se viessem de fora, do alto e debaixo, como por uma espécie de acontecimentos e de raios de trovão que só ele pode sofrer; que talvez ele mesmo seja um furacão, sempre prenhe de novos raios; um homem fatal, em torno do qual estoura, ribomba, explode sempre algo de inquietante. Um filósofo é um ser, ai!, que muitas vezes se salva longe de si mesmo, que muitas vezes tem medo de si... mas que é muito curioso, para deixar de "voltar sempre para si".

293

Um homem que diz: "Isto me agrada, vou tomá-lo para mim, quero protegê-lo e defendê-lo contra todos"; um homem que pode levar adiante um negócio, executar uma resolução, ficar fiel a um pensamento, reter uma mulher, punir e abater um transviado; um homem que tem sua ira e sua espada e a que sucumbem naturalmente os fracos, os aflitos, os oprimidos e mesmo os animais, em resumo, um homem nascido para ser *senhor* – se esse homem tem compaixão, pois bem!, *essa* compaixão tem valor! Mas que importa a compaixão naqueles que sofrem! Ou até mesmo naqueles que pregam a compaixão! Há hoje em quase toda parte da Europa uma sensibilidade e uma irritabilidade doentias para a dor e também uma intemperança incômoda ao lamentar-se, um amolecimento que quereria se dar ares de religião e de amontoado filosófico, para se dar mais brilho – há um verdadeiro culto da dor. A *falta de virilidade* daquilo que, nesses meios de sonhadores, é chamada "compaixão", salta, acredito, de imediato aos olhos. – É necessário banir enérgica e radicalmente essa nova espécie de mau gosto e desejo, finalmente, que se coloque em torno do pescoço e sobre o coração o amuleto protetor do "alegre saber" – da "gaia ciência", para dizer tudo aos alemães.

294

O vício olímpico – A despeito desse filósofo que, como verdadeiro inglês que era, procurou conferir, junto de todos os cérebros pensantes, uma má reputação ao riso – "O riso é uma tara da natureza humana que todo espírito pensante deverá se esforçar em superar" (Hobbes) – eu me permitirei mesmo estabelecer uma classificação dos filósofos segundo a espécie de seu riso – até o topo, até aqueles que são capazes de um riso de ouro. E se se admitir que os deuses também filosofam, aquilo a que sou realmente levado a crer – não duvido que eles não conheçam uma forma de rir nova e sobre-humana – e à custa de tudo o que é sério! Os deuses são zombadores: parece mesmo que não podem deixar de rir nas cerimônias sagradas.

295

O gênio do coração, como o possui esse grande incógnito, esse deus tentador, esse apanhador de ratos das consciências, cuja voz sabe descer até os últimos desvãos de todas as almas, esse deus que não diz uma palavra, que não arrisca um olhar, nos quais não se encontre uma segunda intenção de sedução, em quem saber parecer faz parte do domínio – para quem não parecer o que é, é para aqueles que o seguem uma obrigação a mais a se achegar sempre mais perto dele e segui-lo mais intimamente e mais radicalmente: – o gênio do coração que força a emudecer e a ouvir todos os seres barulhentos e vaidosos, que limpa as almas rudes e lhes dá a saborear uma nova exigência, o desejo de ser tranqüilo, como um espelho, a fim de que o céu profundo se reflita neles; o gênio do coração que ensina com a mão, desajeitada e sempre pronta, como é preciso se moderar e tomar mais delicadamente; que adivinha o tesouro escondido e esquecido, a gota de bondade e de doce espiritualidade sob a crosta de gelo dura e espessa, que é uma vara mágica para todas as pepitas de ouro, por longo tempo enterradas sob camadas de lama e areia; o gênio do coração, graças a cujo contato todos ficam mais ricos, não abençoados e surpresos, não gratificados e esmagados como que por bens estranhos, mas mais ricos de si mesmos, sentindo-se mais novos que antes, libertados, penetrados e surpresos como que por um vento de degelo, talvez mais incerto, mais delicado, mais frágil, mais confuso, mais cheio de esperanças que ainda não têm nenhum nome, cheios de vontades e de correntes novas, de novas rejeições e de contracorrentes... Mas que faço, meus amigos? De quem estou falando? Esqueci até de não revelar ainda seu nome? A menos que não tenham adivinhado por si qual é esse deus e esse espírito que quer ser *louvado* dessa forma. De fato, como acontece a todos aqueles que desde a infância sempre estiveram por vias e caminhos, que sempre estiveram no exterior, ocorreu comigo que espíritos singulares e perigosos passaram por meu caminho e antes de tudo e sempre, aquele de que falava há pouco, que não é outro senão o deus Dionísio, esse poderoso deus equívoco e tentador, a quem, como sabem, outrora ofereci minhas primícias com respeito e mistério – fui o último, ao que me parece, que lhe tenha *sacrificado* algo: de fato, não encontrei ninguém que compreendesse o que fiz então. Entrementes, aprendi muito, muitas coisas sobre a filosofia desse deus e, repito, de ponta a ponta – eu, o último discípulo e o último iniciado do deus Dionísio: e eu poderia finalmente começar, meus amigos, fazer-lhes provar, se me fosse permitido, um pouco dessa filosofia? À meia voz, obviamente: pois aqui se trata de muitas coisas secretas, novas, estranhas, maravilhosas e inquietantes. Já o fato que Dionísio seja um filósofo e que assim os deuses se ocupam também de filosofia, parece-me uma novidade que não deixa de ser perigosa e que talvez possa despertar a desconfiança, sobretudo entre os filósofos; - entre vocês, meus amigos, já encontra menos hostilidade, a menos que chegue muito tarde e no momento inoportuno: de fato, foi-me revelado, hoje vocês não acreditam de bom grado em Deus nem nos deuses. Talvez por isso devo deixar fluir a franqueza de meu espírito para além do que é agradável aos severos hábitos de seus ouvidos? Certamente o deus em questão, em semelhantes colóquios, ia muito longe, muito mais longe e me precedia sempre de vários passos. Certamente, se não me era permitido agir segundo o costume dos homens, deveria conferir a ele belos nomes solenes, nomes de aparato e de virtude, deveria elogiar sua ousadia de procurador e de explorador, sua sinceridade ao acaso, sua veracidade e seu amor pela sabedoria. Mas um tal deus não tem nada a ver com todo esse honroso amontoado, com todo esse falso brilho. "Conserva isso, diria ele, para ti e teus semelhantes e para quem necessitar! Por mim, não tenho por que cobrir minha nudez!" – Isso é claro: o pudor falta a essa espécie de divindade e de filósofo? – Por isso me disse um dia: "Acontece que amo os homens" e dizendo isso se referia a Ariadne que estava presente – "O homem é para mim um animal agradável, ousado, engenhoso, que não tem igual na terra e sabe encontrar seu caminho, mesmo nos labirintos. Eu o quero realmente: sonho muitas vezes nos meios de fazê-lo progredir e de torná-lo mais forte, mais maldoso e mais profundo do que é." – "Mais forte, mais maldoso, mais profundo?" falei, assustado. – "Sim, repetiu, mais forte, mais maldoso, mais profundo; e também mais belo." Dizendo isso, o deus tentador se pôs a sorrir com seu riso alciônico, como se acabasse de dizer algo de encantadora gentileza. Vê-se, portanto: a essa divindade não falta somente o pudor... Há boas razões para supor que, para muitas coisas, os deuses fariam muito bem, todos eles, vir se instruir junto de nós, homens. Nós homens somos – mais humanos.

Ai! Que é que vocês são, meus pensamentos escritos e multicoloridos? Não faz muito tempo, vocês eram tão variados, tão jovens, tão maliciosos, tão cheios de ferrões e de temperos secretos que me faziam espirrar e rir – e agora? Já despojaram sua novidade e alguns dentre vocês estão, receio, prontos para se tornar verdades: tanto já têm ares imortais, dolorosamente verídicos e tão enfadonhos! E isso já foi diferente? Que escrevemos, que pintamos, portanto, nós mandarins de pincel chinês, nós que imortalizamos as coisas que se *deixam* escrever, que podemos portanto pintar? Ai! Nada mais que aquilo que já começa a definhar e a se desgastar. Ai! Sempre tempestades que se esgotam e se dissipam, sentimentos tardios e amarelados! Ai! Pássaros desgarrados e cansados de voar que agora se deixam apanhar com a mão – com *nossas* mãos! Eternizamos o que não pode mais viver nem voar muito tempo, nada além de coisas moles e cansadas! E isso não é senão para seu depois do meio-dia, ó meus pensamentos escritos e multicores, pois ainda tenho cores, muitas cores talvez, muitas ternuras variadas, centenas de cores amarelas, marrom, verdes e vermelhas: – mas ninguém consegue adivinhar o aspecto que vocês tinham pela manhã, ó centelhas repentinas, maravilhas de minha solidão, ó meus antigos, meus amados – meus *maus* pensamentos.

EPÍLOGO
Do Alto dos Montes

Oh! Meio-dia da vida! Hora solene!
Oh! jardim de verão!
Felicidade inquieta, de pé na ansiedade e à espera;
Espero meus amigos, pronto noite e dia,
Onde estão, meus amigos? Venham! É tempo, é hora!

Não é por vocês que o cinza do gelo
Hoje se enfeitou de rosas?
O riacho os procura; e mais alto,
O vento e as nuvens se comprimem no azul
Para ver de longe sua chegada como vôo de pássaro.

Nas alturas a mesa está posta para vocês:
Quem vive mais perto das estrelas,
Tão perto dos sombrios abismos?
Que reino seria mais vasto que o meu?
E de meu mel – quem dele provou?

Aqui estão, amigos! – Ai! não é para mim
Que querem vir?
Hesitam surpresos – ah! vocês se incomodam?
Não sou mais eu? Não é mais meu rosto, meu andar?
E o que eu sou, amigos – não o seria para vocês?

Serei outro? Estranho a mim mesmo?
Fugido de mim mesmo?
Lutador que muitas vezes teve de se superar?
Que muitas vezes lutou contra a própria força,
Ferido e detido por suas próprias vitórias?

Procurei acaso onde a brisa era mais forte?
Aprendi a viver ali,
Onde ninguém mora, nos desertos áridos do urso polar?
Não esqueci Deus, o homem, a blasfêmia e a oração?
Eu, fantasma errante das geleiras?

– Meus velhos amigos! Vejam! Vocês empalidecem,
Com um calafrio de amor!
Não sem rancor! Avante, para vocês nada de repouso:
Aqui, nesse reino das geleiras e dos rochedos!
Aqui é preciso ser caçador e igual ao cervo!

Fui um *malvado* caçador! Vejam como meu arco
Tem sua corda totalmente distendida!
Pois foi o mais forte que disparou a flecha.
Mas azar de vocês! *Essa* flecha é perigosa
Como *nenhuma* flecha – ah! fujam para seu bem!

Fogem? – Ó coração, é o que basta,
Tua esperança ainda se mantém firme:
Deixa abertas tuas portas para *novos* amigos!
Abandona os antigos! Larga tuas lembranças!
Se foste jovem, aí estás – bem mais jovem!

O que jamais nos une, o laço de uma só esperança,
Quem lê os sinais
Pálidos que outrora o amor escreveu?
É como o pergaminho que a mão
Receia tocar – enegrecido, queimado como ele.

Não são mais amigos, são – que digo? –
Fantasmas de amigos!
Às vezes à noite batem em meu coração, em minha janela
Olham para mim e dizem: "*Somos* nós"!
Oh! palavras fenecidas, vocês tinham odor de rosas!

Ó saudade de juventude que não se compreendeu!
Aqueles que eu procurava,
Aqueles que achava que eram meus parentes e transformados,
Envelheciam no entanto, era o que os baniu:
Somente aquele que se transforma permanece meu parente.

Ó meio-dia da vida, ó segunda juventude,
Ó jardim de verão!
Felicidade inquieta, em pé na ansiedade e na espera!
Espero os amigos, prontos dia e noite,
Os *novos* amigos! Venham, pois é tempo!

A canção terminou – o doce grito do desejo
Morreu em minha boca:
Era um encantador, o amigo do bom momento,
O amigo do meio-dia – não, não me perguntem quem –
Ele era meio-dia, quando *um* se tornou *dois*...

Celebramos juntos agora, certos da vitória,
A festa das festas:
Zaratustra veio, o amigo, o hóspede dos hóspedes!
O mundo ri, a cortina negra se rasgou,
A luz na obscuridade se uniu...

Coleção Grandes Obras do Pensamento Universal

Assim Falava Zaratustra
Nietzsche - Ed. 01

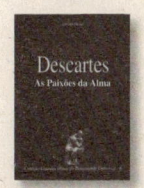

As Paixões da Alma
Descartes - Ed. 06

Monarquia
Dante Alighieri - Ed. 11

A Política
Aristóteles - Ed. 16

A Origem da Família, da Propriedade Privada e do Estado
Engels - Ed. 02

A Origem da Desigualdade Entre os Homens
Rosseau - Ed. 07

O Príncipe
Maquiavel - Ed. 12

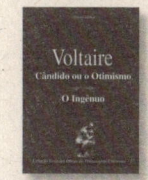

Cândido ou o Otimismo
Voltaire - Ed. 17

Elogio da Loucura
Erasmo - Ed. 03

A Arte da Guerra
Maquiavel - Ed. 08

O Contrato Social
Rosseau - Ed. 13

Reorganizar a Sociedade
Comte - Ed. 18

A República (Tomo I)
Platão - Ed. 04

Utopia
Thomas More - Ed. 09

Banquete
Dante Alighieri - Ed. 14

A Perfeita Mulher Casada
Luis de Léon - Ed. 19

A República (Tomo II)
Platão - Ed. 05

Discurso do Método
Descartes - Ed. 10

A Religião nos Limites da Simples Razão
Kant - Ed. 15

A Genealogia da Moral
Nietzsche - Ed. 20

Coleção Grandes Obras do Pensamento Universal

Reflexões Sobre a Vaidade dos Homens
Mathias Aires - Ed. 21

A Dignidade do Homem
Pico Della Mirândola - Ed. 26

Além do Bem e do Mal
Nietzsche - Ed. 31

Solilóquios
Santo Agostinho - Ed. 36

De Pueris (Dos Meninos)
Erasmo - Ed. 22

Os Sonhos
Quevedo - Ed. 27

A Princesa da Babilônia
Voltaire - Ed. 32

O Livro do Amigo e do Amado
Lúlio - Ed. 37

Caracteres
La Bruyère - Ed. 23

Crepúsculo dos Ídolos
Nietzsche - Ed. 28

A Origem das Espécies (Tomo I)
Darwin - Ed. 33

Fábulas
Fedro - Ed. 38

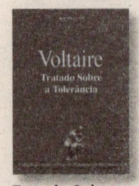

Tratado Sobre a Tolerância
Voltaire - Ed. 24

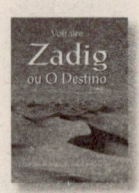

Zadig
Voltaire - Ed. 29

A Origem das Espécies (Tomo II)
Darwin - Ed. 34

A Sujeição das Mulheres
Stuart Mill - Ed. 39

Investigação Sobre o Entendimento Humano
Hume - Ed. 25

Discurso Sobre o Espírito Positivo
Comte - Ed. 30

A Origem das Espécies (Tomo III)
Darwin - Ed. 35

O Sobrinho de Rameau
Diderot - Ed. 40

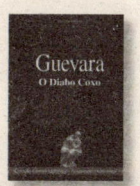

Coleção Grandes Obras do Pensamento Universal

O Diabo Coxo
Guevara - Ed. 41

Cartas Persas (Tomo I)
Montesquieu - Ed. 46

A Hora de Todos
Quevedo - Ed. 51

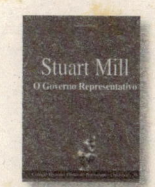

O Governo Representativo
Stuart Mill - Ed. 56

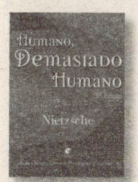

Humano, Demasiado Humano
Nietzsche - Ed. 42

Cartas Persas (Tomo II)
Montesquieu - Ed. 47

O Anticristo
Nietzsche - Ed. 52

Ecce Homo
Nietzsche - Ed. 57

A Vida Feliz
Sêneca - Ed. 43

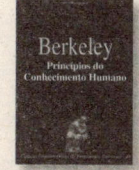

Princípios do Conhecimento Humano
Berkeley - Ed. 48

A Tranquilidade da Alma
Sêneca - Ed. 53

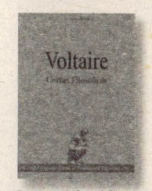

Cartas Filosóficas
Voltaire - Ed. 58

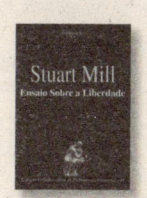

Esaio Sobre a Liberdade
Stuart Mill - Ed. 44

O Ateu e o sábio
Voltaire - Ed. 49

Paradoxo Sobre o Comediante
Diderot - Ed. 54

Cartas Sobre os Cegos
Diderot - Ed. 59

A Gaia Ciência
Nietzsche - Ed. 45

O Livro das Bestas
Lúlio - Ed. 50

O Conde Lucanor
Don Juan Manuel - Ed. 55

A Amizade
Cícero - Ed. 60

Coleção Grandes Obras do Pensamento Universal

Do Espírito Geométrico
Pascal - Ed. 61

Aurora
Nietzsche - Ed. 66

Manifesto do Partido Comunista
Marx e Engels - Ed. 71

O Livro do Filósofo
Nietzsche - Ed. 76

Crítica da Razão Prática
Kant - Ed. 62

Belfagor, O Arquidiabo
Maquiavel - Ed. 67

A Constância do Sábio
Sêneca - Ed. 72

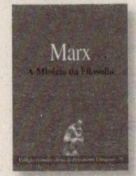

A Miséria da Filosofia
Marx - Ed. 77

A Velhice Saudável
Cícero - Ed. 63

O Livro dos Mil Provérbios
Lúlio - Ed. 68

O Nascimento da Tragédia
Nietzsche - Ed. 73

Soluções Positivas da Política Brasileira
Pereira Barreto - Ed. 78

Dos Três Elementos
López Medel - Ed. 64

Máximas e Reflexões
La Rochefoucauld - Ed. 69

O Bisbilhoteiro
Quevedo - Ed. 74

A Filosofia da Miséria (Tomo I)
Proudhon - Ed. 79

Tratado da Reforma do Entendimento
Spinoza - Ed. 65

Utilitarismo
Stuart Mill - Ed. 70

O Homem dos Quarenta Escudos
Voltaire - Ed..75

A Filosofia da Miséria (Tomo II)
Proudhon - Ed. 80

Coleção Grandes Obras do Pensamento Universal

A Brevidade da Vida
Sêneca - Ed. 81

O Caso Wagner
Nietzsche - Ed. 86

Os Deveres (Tomos II e III)
Cícero - Ed. 91

Félix (Parte II)
Lúlio - Ed. 96

O Viajante e sua Sombra
Nietzsche - Ed. 82

A Clemência
Sêneca - Ed. 87

A Filosofia na Época Trágica dos Gregos
Nietzsche - Ed. 92

Vontade de Potência (Parte I)
Nietzsche - Ed. 97

A Liberdade do Cristão
Lutero - Ed. 83

Da Uitilidade e do Inconveniente da História para a vida
Nietzsche - Ed. 88

A Cidade do Sol
Campanella - Ed. 93

Vontade de Potência (Parte II)
Nietzsche - Ed. 98

Miscelânea de Opiniões e Sentenças
Nietzsche - Ed. 84

Os Deveres (Tomo I)
Cícero - Ed. 89

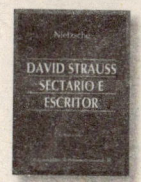

David Strauss Sectário e Escritor
Nietzsche - Ed. 94

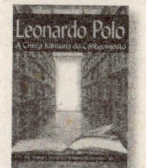

A crítica Kantiana do Conhecimento
Leonardo Polo - Ed. 85

Schopenhauer Educador
Nietzsche - Ed. 90

Félix (Parte I)
Lúlio - Ed. 95

Impressão e Acabamento:
Araguaia Indústria Gráfica e Editora Ltda.
• 2011 •